国家出版基金项目
NATIONAL PUBLICATION FOUNDATION

四書解題及其讀法

錢基博◎著

山西出版傳媒集團
山西人民出版社

圖書在版編目(CIP)數據

四書解題及其讀法 / 錢基博著. -太原: 山西人民出版社, 2014.11
(近代名家散佚學術著作叢刊 / 許嘉璐主編)
ISBN 978-7-203-08772-4

Ⅰ.①四… Ⅱ.①錢… Ⅲ.①儒家②四書-研究
Ⅳ.①B222.15

中國版本圖書館CIP數據核字(2014)第234710號

四書解題及其讀法

主　　編　許嘉璐
著　　者　錢基博
責任編輯　梁晉華
助理編輯　張　潔

出 版 者　山西出版傳媒集團·山西人民出版社
地　　址　太原市建設南路21號
郵　　編　030012
發行營銷　0351-4922220　4955996　4956039
　　　　　0351-4922127(傳真)　4956038(郵購)
E-mail　sxskcb@163.com　發行部
　　　　sxskcb@126.com　總編室
網　　址　www.sxskcb.com

經 銷 者　山西出版傳媒集團·山西人民出版社
承 印 廠　山西出版傳媒集團·山西人民印刷有限責任公司

開　　本　700mm×970mm　1/16
印　　張　7.5
字　　數　63千字
印　　數　1—3000冊
版　　次　2014年12月　第1版
印　　次　2014年12月　第1次印刷
書　　號　ISBN 978-7-203-08772-4
定　　價　19.00圓

《近代名家散佚學術著作叢刊》編委會

出版説明

近代名家散佚學術著作叢刊選取一九四九年以後未再刊行之近代名家學術著作共一百二十册，編例如次：

一、本叢書遴選之著作在相關學術領域具有一定的代表性，在學術研究方向、方法上獨具特色。

二、爲避免重新排印時出錯，本叢書原本原貌影印出版。影印之底本皆經專家組審定，原書字體大小，排版格式均未做大的改變，原書之序言、附注皆予保留。

三、本叢書分爲八大類，以作者生卒年編次。

四、爲使叢書體例一致，本叢書前言後記均采用繁體字排版。

五、個别頁碼較少的版本，爲方便裝幀和閲讀，進行了合訂。

六、少數學術著作原書内容有個别破損之處，編者以不改變版本内容爲前提，部分進行修補，難以修復之處保留缺損原狀。

七、原版書中個别錯訛之處，皆照原樣影印，未做修改。

八、所選版本之抽印本頁碼標注，起始至所終頁碼均照原樣影印，未重新編排標注新頁碼。

由於叢書規模較大，不足之處，殷切期待方家指正。

總序／

披沙瀝金，以爲鏡鑒

◇許嘉璐

多年來有一個問題始終在我腦中盤桓：爲什麽在十九世紀末到二十世紀初，在短短的幾十年裏，中國的各個學術領域竟涌現了那麽多大師級的人物？這是中國近代史上一個極爲重要的現象，我認爲，如果不能給出令人滿意的答案，我們撰寫的近代學術史將是不完整的，甚至是缺乏靈魂的。後來我知道，著名人類學家克羅伯曾提出過一個問題：爲什麽天才成群地來？看來這種現象的出現並非中國所獨有，思考其所以然的也大有人在。而在那一次世紀之交中國的情況，似乎應驗了「天才成群地來」這個令克氏久久不解的疑問。錢學森先生曾從相反的方向提出了相同的疑問：爲什麽我們這個時代出現不了杰出人才？後來人們稱這個問題爲「錢學森之謎」。

要回答這些疑問不是件容易的事。與其迅速地囫圇地探尋，不如先多了解那些讓中國近代學術（應該包括人文科學和自然科學）史上閃耀着光輝的大師們的作品和自述，從而在腦海里盡量「復原」他們所處的環境和在那種環境下的心理路徑，從中或許可以得到一些啓示。

有一點是顯然的，這就是他們雖然都已遠離塵世而去，但是他們獨立思考的品性、求知治學的真誠、困厄窮愁中對節操的堅守，恐怕是他們共同的主觀因素，一直影響到現在，而且將會永遠留存下去。

就思想界、學術界而言，二十世紀上半葉是一個新説和舊説碰撞，中學和西學融匯的大時代。那時的學人極爲重視言行操守，同時具備現代知識分子的理想信念；他們的學術研究十分純凈，絶少功利因素；他們的視界開闊，以包容的心態和嚴謹的風格造就了成果的大氣與厚重。至於在客觀因素一面，他們實際是在用工業化時代的事實解説着太史公所説的名山之作「大抵聖賢發憤之所爲作」，困厄苦難使得他們「皆意有所鬱結」。這種鬱結，幾乎和個人的名利毫無牽涉，他們永遠不能釋懷的，是民族的存亡、國運的興衰、民衆的福禍和文脈的續斷。

那個時代也是近代歷史上最大規模的中西古今學術調適、創新的時期，學術方法上的交互滲透和融合、創新亦可謂「於斯爲盛」。斯時之學人是要在封閉的屋墻上鑿出窗子的勇士，是使人能够看看外部世界的第一批導夫先路者，或者可以説，他們是在「意有所鬱結」時「彷徨」和「吶喊」的「狂人」。

相對於那時的哲人們，後來者是幸運兒。現在的形勢是，近三十年來學界空前繁榮，衆多學科有了長足之進，其中很重要的一點是學界有了更新穎、更廣闊的國際視野，似乎接續上了百年前的學壇盛事。但細想想，「古」與「今」還是有差別的。其异，主要不在於世界情勢、學術進展、工具改善這些客觀存在，而在於在廣泛吸收各國優長的同時，自身文化的主體性越來越受到重視，换言之，「拿來主義」已經延長了「拿來」的程序，加上了試用、甄別、篩選、吸收、融合、成長。就我孤陋所見，在當今地球上，面向所有異質文明，努力汲取我之所缺，其範圍之大和心態之切，似乎無出中國之右者。從這個角度説，我們已經超越了前輩。但是事情還有另外一面，學術，特別是人文學科，其職業化、「沙龍化」和功利性，以及隨之而來的浮躁病却嚴重了。從這個角度説，是不是我們已經後退得够可以的了？而這是不是我們這個時代出不了大師的原因之一呢？

民國學術界的特點之一是極爲注重對傳統的反省、批判與繼承。他們對傳統文化盡最大的努力進行整理和研究。一方面，由於戰亂頻仍，民不聊生，學者們擔起了讓中華文化薪火相傳的歷史責任；另一方面，他們要通過對中國傳統文化的整理、挖掘來重振民族自信心。這一時期對傳統文化進行整理的全面而深入是前所未有的，舉凡文字學、語言學、經濟學、法學、哲學、政治制度、書法繪畫、金石學……規模之宏大，研究之精微，令人嘆爲觀止。

民國學術推動了現代學科體系的建立。在對傳統文化整理和研究的基礎上，吸收西方的文化思想和理念，推動和建立了中國現代學科體系。例如，在對語言文字和音韵學成果進行整理、研究的基礎上開始着手規範之，建立了國語學；深入研究書法、國畫，將其融入了現代美術學科；在廢除舊有學制後逐步建立起小、中、大學較完整的科目和學科體系。

民國學術也改變了傳統學術方式，建立了新的研究範式。以現代科學考古爲發端，科研的實踐和成果使中國知識界真正認識到在實驗、比較基礎上的邏輯分析對學術研究的重要，推進了中國學術的一大演變。至於我們常説的打破士大夫傳統、走出書齋到田野鄉村和市民中進行調查研究、結束了經學時代、以歷史眼光檢視儒學和諸子等等，都是確立新學術範式的努力。這一轉變，也標誌着中國學術界脱胎换骨，全面進入了現代，爲此後的學術發展奠定了堅實的基礎。當然，西方啓蒙運動以來，在「現代性」和「現代化」裏潛伏着的缺陷和謬誤也傳到了中國，這些不能不在前哲的著作裏留下痕迹。這並不奇怪。類似的情况，古往今來孰能免之？猶如今天的我們，誰敢自稱我之所見就是永恒的真理？在這個問題上兩個時代所異者，或許就在昔時大家創立新説或譯註西學著作，往往是懷着對學術和前哲的敬畏而爲之，故而常常誤不在我；當今則往往出於對學問和他人的輕蔑，或以所研究的對象爲謀己的工具，因而難辭主觀之咎吧。翻閲他們的心血之作，這些復雜的狀況可以顯見，可以視之爲我們的一面鏡子。

滄海桑田，世事變幻，歷史的動盪和時代的遮蔽，使當年許多大師的一些極有價值的學術著作被棄於故紙堆中，不能不令人有遺珠之憾。爲此，山西人民出版社不惜以數年之艱辛，披沙瀝金，編輯出版這套近代名家散佚學術著作叢刊，凡一百二十册，計文學、史學、政治與法律、美學與文藝理論、民族風俗、宗教與哲學、經濟、語言文獻共八大類別。所選皆爲作者之純學術著作，無論是其見解、精神，抑或是其時代烙印，都是後輩學人可資借鑒的寶貴財富。他們出版這套叢書，意在讓世人不忘來程，知篳路藍縷之不易，爲民族文化的傳承再增薪木。

出版社的初衷，與我近年來所思所慮近似，故願略述淺見於書端，以與策劃者、編輯者和讀者共勉。

二〇一四年七月六日

改定於自安東回京途中

前言／

◇王紹培

近代名家散佚學術著作叢刊是一項重大的學術工程，我接到寫這個序言的指令，誠惶誠恐多日，端的是藐予小子，何敢贊一言。

但我亦深知這是一個重温先賢大哲杰出思想成就的寶貴機會。果然，十余部宗教哲學類著述電子版到手，翻閲起來，雖然難免諸多不便，但静心瀏覽，不能不生感慨良多。這批著作全部都在民國期間出版。最早的一本是梁漱溟的究元决疑論，是商務印書館一九二三年出版的。其餘的大部分都出版在二十世紀三十年代的抗戰爆發之前。想想看，彼何時也，政局動盪不已，軍閥混戰不休，而民不聊生，但學術活動仍然頑强掙扎，開展得如火如荼，且學術質量之高，令人驚訝。

所謂學術質量之高亦不是我輩來信口雌黄。事實上，對於這些前輩學人及其成就，學界早有定評。例如，梁啓超（一八七三年—一九二九年）被公認是清朝最優秀的學者，是一位百科全書式的人物。最難以想象的是在他五十六年的短暫生命中，既積極投身從事大量的政治活動和社會活動，又能在哲學、文學、史學、經學、法學、倫理學、宗教學等領域均有建樹，這是怎麽做到的？曾經看見一則逸聞，説梁啓超每天必打八圈麻將，寫八千字文章，他不少文章是邊打麻將邊口授的，簡直神乎其技了，但不知道真假。本叢書收録的梁啓超的中國學術思想變遷史（商務印書館一九二六年出版）被學人贊許之爲「中國學術史上的垂範之作」。梁啓超在經過革命失敗的過程之後，痛定思痛，得出的教訓是要高度重視學術思想，他說：「學術思想之在一國，猶人之有精神也，而政事，法律，風俗，及歷史上種種之現象，則其形質也。」梁啓超認爲，有新學術思想，就會有新國民，有新國民，就會有新國家新世界。從梁啓超的論述可知，他對哥白尼、培根、笛卡爾、孟德斯鳩、盧梭、富蘭克林、瓦特、亞當·斯密、達爾文等等思想家瞭如指掌。他極爲看重思想言論自由，他認爲「春秋末及戰國」爲中國學術思想的「全盛時代」，而追溯所以致盛的原因，「思想言論之自由」爲其中一個重要的方面。其餘諸多因素，除了「由於蘊蓄之宏富也」與歷史積累有關，其他「社會之變遷也」、「交通之頻繁也」、「人材之見重也」、「文字之趨簡也」、「講學之風盛也」，也都跟社會自由有很大的關聯。現在的年輕人有時或者會覺得清末民初的人物都是老古董，但看看梁啓超就知道，他的思想之新銳先鋒不在現在很多人之下。正因爲梁啓超把學術思想看得如此之重，因此，該書欲總結中國固有學術思想之得失，以西方文化參補之，從而恢復上古與中古時代「我中華第一也」的學術「最高尚最榮譽之位置，而更執牛耳於全世界之學術思想界」。百年之後，看見這樣的雄心壯志，真是讓人唏噓不已。

再如錢基博先生。現在的讀者如果知道錢基博大概多是因爲錢鍾書的緣故，但錢基博先生本身就是碩學鴻儒，父子同爲大師，此等情形較爲罕見。四書解題及其讀法（商務印書館一九三一年出版）亦是錢基博的代表作之一。四書是儒家傳道授業的基本教材，亦是儒學的重要原典。錢基博説他在四十歲時遇見梁啓超，梁啓超送他一本要籍解題及其讀法，他有不同看法，於是成就四書解題及其讀法一書。錢基博的四書解題，回到朱熹的「大語孟中」的次序，所謂「不先乎大學，則無以提綱挈領，而盡語孟之精微；不參之論孟，則無以融會貫通，而極中庸之指趣」。或則，「先讀大學，以立其規模，次及語孟，以盡其蘊奧，而後會其歸於中庸；蓋以爲學之程序，而第其書之先後也」。衆所周知的是，錢基博不是那種關門閉户死讀書的腐儒，而是心憂天下的君子。就在該書的序言裏，他亦不忘表露初衷：「今四十歲，飽更世患，民治革政，共而不和，争民施奪之既久，寖尋以至今日，又見有專無制，哀哉耗已！末法披昌，人將相食！窮則反本，緟温故書，然後知聖人憂世之情深，仁民之道大也！繕寫既定，而爲考鏡原流，發明指意，於文章典籍之中，得其辨名正物之意，庶幾尼山正名之意云爾！」在錢基博這樣的學人眼裏，做學問跟憂世仁民大有關聯。

這些學者當中，無疑以梁漱溟（一八九三年—一九八八年）的世俗名氣爲最大，在現當代中國歷史上，梁漱溟是一位罕見的絶不阿世媚俗的有風骨的文人。梁漱溟自謂：「我自十四歲進入中學之後，便有一股向上之心驅使我在兩個問題上追求不已：一是人生問題，即人活着爲了什麽，二是社會問題亦即中國問題，中國向何處去……總論我一生八十餘年（指十四歲以後）的主要精力心機，無非都用在這兩個問題上。」梁漱溟曾經兩度自殺，可見其苦悶至深。一九一六年，二十三歲的梁漱溟即寫成究元決疑論，在東方雜誌連載，引起轟動。正因爲是書，二十四歲的梁漱溟被蔡元培校長延聘，進入北大教授印度哲學。關於究元決疑論之緣起，梁漱溟説：「於爾所時，舊執既失，勝義未獲；憂惶煩惱，不得自拔。或生邪思邪見；或縱浪淫樂；或成狂易；或取自經。如此者非財寶事物之所得解，唯法得解……所謂佛學如實論與佛學方便論之二部，前者將以究宣元真，今命之曰『究元第一』；後者將以決行止之疑，今命曰『決疑第二』。世之所急，常在決疑，又智力劣故，不任究元，以是避諱玄談，得少爲足。且不論其所得爲似爲非。究理而先自畫，如何得契宇宙之真？不異於立説之前，自暴其不足爲據。欲得決疑，要先究元。」所謂「究元」，亦即「佛學如實論」，探討宇宙本體問題，揭示佛法的核心教義乃爲「無性」，「無性」亦即「無自性」，世間萬事萬物皆是因緣和合，並無自體自性，如斯則從根本意義上省悟宇宙人生之真相。所謂「決疑」，亦即「佛學方便論」，討論現象界的問題，以究元所得的佛法宇宙人生真諦來認識和指導現實的社會人生。「究元」是佛教立場的本體論，「決疑」是建基於佛教之上的人生觀。欲得決疑必先究元；先解決本體問題，則人生問題就好順勢而爲。值得一説的是，五四時期，中國學術界跟國際社會基本接軌，信息傳遞大體同步。例如，古斯塔夫·勒龐（彼時譯爲魯滂）的各種學説都被悉數譯介，如新物質論甫一翻譯，即被梁漱溟消化，以茲與佛家性空學説參觀對照，按照勒龐的説法，以太是宇宙的本體，以太的「渦動」即爲物質，「渦動」停止物質消滅的過程中派生各種「力」，「力」是同一物的不同形式。梁漱溟認爲以太跟佛家的如來藏或阿賴耶相類似，「渦動」相當於忽然念起，「此渦動便是無明」。除此之外，梁漱溟對各種西方哲學瞭如指掌，例如，他以康德的現象與「物如」（物自體）之分，休謨的不可知論，來印證佛家元哲學之三義：「不可思議義，自然(Nature)軌則不可得義，德行(Moral)軌則不可得義。」復以叔本華的盲目衝動和意欲之説，柏格森的生命哲學來論證「人生基本是苦」的結論，唯有以佛法爲精神支柱，方能安穩自我，清静自守。

相對來説，馮承鈞先生（一八八七年—一九四六年）鮮爲人知。馮承鈞早年留學比利時，後赴法國巴黎大學，主修法律。一九一一年獲索邦大學法學士學位。續入法蘭西學院師從漢學家伯希和。馮承鈞歸國後，曾任北京大學歷史系教授、北京師範大學歷史系教授。馮通曉法文、英文、比利時文、梵文、蒙古文、阿拉伯文、波斯文，兼及古回鶻語、吐火羅語和蒙語八思巴字，並精通中國史籍，在歷史學、歷史地理學、歷史語言學和考古學等方面都有較深的造詣，在史地研究考證方面卓然成家。馮承鈞畢生研究中外交通史和邊疆史，著譯既多且精，是民國時代重要的中外交通史家。馮承鈞從金石書畫以及方誌内裒集了元代的白話聖旨碑，成爲一書，此即元代白話碑，概述元朝白話碑文的歷史背景，並對於元代白話語法加以研究討論。關於歷代求法翻經録，馮承鈞在其叙言中説：「求法傳經二事之重要，已爲西方學者所共知……第此種史料，多散見於釋藏傳記譜録之中。初學不易尋檢。余不敏特爲鳩集舊文，參以新證，凡關於求法翻經之事，皆撮録其要……彙爲一編，名曰求法翻經録。」由此可知，該書是一本資料薈萃之編。

另有兩位不大爲後人所知的學者。一位是江恒源（一八八五年—一九六一年）。江恒源是一位教育家，他的中國先哲人性論是作者一九二四年用八十天的時間寫成的專著，將先秦到明清之際的諸多先哲跟人性有關的觀點、思想娓娓道來。作者認爲，總體來説，中國哲學的起源，和歐洲有點不同。歐洲哲學以「求知」爲出發點，中國哲學以「利行」爲出發點。歐洲人説「哲學起於驚異」，而中國哲學一切以現實認識爲根據……這幾句話要言不煩，道破中西哲學之差異。另一位是熊㝱（一九〇二年—一九八三年）。一九三一年，熊㝱留學美國華盛頓州立大學，獲經濟學博士學位，回國後任國民黨中央政治會議經濟組專門委員。一九三九年出任沅陵税務局局長。一九四〇年冬掛冠歸里，應聘爲三民中學教務主任。熊㝱一生著述頗豐，著有墨子經濟思想史、晚周諸子經濟思想史、江西省財政概況、湖南省財政概況等。其中，晚周諸子經濟思想史算得上是中國經濟史的奠基之作之一。該書綜述道儒法墨四家的經濟思想，同時對百家思想多有論略。

另外三位先生，湯用彤（一八九三年—一九六四年）、朱謙之（一八九九年—一九七二年）、蔡尚思（一九〇五年—二〇〇八年），知名度不大不小，但其實都是極具分量的重要學者。一般認爲，湯用彤是現代中國學術史上少數幾位能會通中西、接通華梵、熔鑄古今的國學大師之一。他的竺道生與涅槃學是其重要的學術著作之一。竺道生是東晉時期的著名高僧，是鳩摩羅什的弟子。竺道生認爲那些斷了善根的人也可以成佛，他又主張頓悟成佛，這些都不是主流的觀點。竺道生是東晉最著名的涅槃學者，他把作爲精緻哲學形態的般若學和粗俗的成佛説教結合起來，着重闡發涅槃佛性説，認爲「真空妙有」契合無間，開創佛教一代新風，因此被尊爲「涅槃聖」。朱謙之是二十世紀著名歷史學家、哲學家和東方學家，亦有「百科全書式學者」的美譽。他年輕時曾經短暫出家爲僧，後來發現，佛教不能實現自己的夙願，因此跟佛門斷絕關係。他主張宇宙人生是一股真情之流。他的中國思想對於歐洲文化之影響（一九四〇年出版）一書的寫作，歷時五年，他自認爲是「最細心結撰的一部著作」。朱先生認爲，東西文化各有其自身的歷史特徵，但是，這並不妨礙它們同時通過各種途徑接受、吸納對方的影響。在十七至十八世紀，中國哲學文化給予歐洲思想界的影響歷歷可數。在十六至十七世紀則以來華的耶穌會士爲媒介，中國哲學文化特別是孔子哲學被廣泛譯介到歐洲大陸，成爲歐洲理性時代來臨的外來思想條件。東西文化的相互影響、接觸，給世界文明帶來了强大的推動力。朱謙之先生的這部重要的著作，對於研究中西方文化史的後來學者，仍然是一座繞不過去的學術高峰。蔡尚思先生是哲學家，亦是中國思想史專家。他出版中國三大思想之比觀一書時是二十八歲，寫成則是二十四歲，而在此前的二十一歲時，他就寫成了研究孔子哲學、老子哲學和墨子哲學的專著。所謂中國三大思想，指的是老孔墨三家。蔡尚思先生將三家思想的方方面面比較對照，細緻而又周全。例如，他認爲老子是藝術的，墨子是功利的，孔子則介乎兩者之間；老子以死天爲主，活人法死天，無爲自然；孔子以天鬼爲名，以君王爲實，視天子嚴君如天帝鬼神；墨子以活天爲主，視死天如活人，兼愛交利……這些比較十分具體，發人深省，後之學者反而不做如此細緻的功夫了。

即使是非常粗略地瀏覽民國學人的著述，也不難發現一點，這些學者何以在年紀輕輕時就已經開始著書立説，而且水準頗高？我們站在新中國的立場回望，覺得彼時天地之舊，但如果他們站在辛亥革命之後前瞻，或許看見的全是風物之新。因此，當時的人或者滿是志氣，要在新天地有所作爲。及至戰亂迭起，他們更是堅定了文化返本開新的决心。從教育的角度來説，當時的精英教育使能够接受教育的人都是英才，而這些教育英才的人和英才自己也都非常珍惜機會，所以成才率顯然比今天高。中外學術思想交流的順利和及時，也是民國學術思想繁榮的一個原因。我們看梁漱溟等人的書，不難發現他們對國外各種思想潮流都瞭如指掌，各家各派的學説都被拿來爲我所用。當然，學術思想的相當自由也保證了這些學者在著書立説時，較少外部顧慮，一心把書寫成、把文章做好就對了。這些其實遠遠不算完美的局面，仍然因爲日本人的侵略而被打斷，内戰的影響也顯而易見。及至新中國建立，學術範式、語言、議題、旨趣等等完全轉型，一個時代就這樣結束了。

因此，今天我們重温民國學人的思想，除了瞻仰他們曾經到達的思想高度之外，也是順便看看，學術思想在一種相對自然而正常的情况下，可以呈現出一種怎樣的風貌，結出怎樣的碩果，而於我們中國人會有怎樣的信心跟鼓勵。值得慶幸的是，二十世紀八十年代開始，我們又回到了一個總體來説學人可以有所作爲的環境中，至於新世紀的學人可以取得怎樣的成就，在很大程度要看個人自己的努力和争取了。

作者簡介

錢基博（一八八七年—一九五七年），字子泉，别號潛廬，江蘇無錫人，與弟基厚孿生，錢鍾書先生的父親。民國時期著名的古文學家、文史專家和教育家。光緒三十一年（一九〇五年），他受當時「中學爲體，西學爲用」的思想影響，一心向往學習西學，與同邑吴錦如等八十餘人組織理科研究會，延請教師講授物理、化學、博物、生理衛生和日語等課程，後又獨辦一所理科學堂，自任講師。他學貫古今，文史兼治，以畢生精力治國學，對國學進行了全面而深入的研究，爲後世提供了豐碩而極有價值的國學成果，是當之無愧的國學大師。

序

余以十四年講學北平，遇梁任公，貽以要籍解題一冊；中論語孟子，意有異同，別纂爲篇，任公不之忤也！十六年在上海，成中庸解題；今秋病不能事，養痾杜門，發篋得嚮時肄誦大學本，籀繹其指，條次成文，而後四書之篇第備。伏念明史藝文志經部始立四書一門，前史無是例也！論語孟子舊各爲書；而大學中庸則禮記中之二篇，自司馬光始表章之，二程兄弟詳爲論說；而編爲四書，則自朱子始：原本首大學，次論語，次孟子，次中庸。其教人也，以大學語孟中庸爲入道之序，而後及諸經，以爲不先乎大學，則無以提綱絜領，而盡語孟之精微；不參之論孟，則無以融會貫通，而極中庸之指趣。然不會其極於中庸，則又何以建立大本，經綸大經，而讀天下之書，論天下之事哉！學者先讀大學以立其規模，次及語孟以盡其蘊奧，而後會其歸於中庸；蓋以爲學之程序，而第其書之先後也。書肆刊本，以大學中庸篇頁無多，併爲一冊，遂移中庸於論語之前；江都汪中好爲詆訶，譔大學平義一篇，迺居爲奇貨，謂：「曾子受業於孔門，而子思則其孫也。今以次於論語之前，無乃傎乎。」而不知朱子之舊不如此今第四書，壹復其舊中庸殿四書之末，而大學列論語之前。漢書藝文志「論語，弟子各有所記，門人相與輯而論篹。」而汪氏則謂「大學者七十子後學者所記，」則亦門人相與輯而論篹之書也，何不可以次論語之前乎！至中庸以次孟子之後者，所以立民彝之極則，明至德之會歸；朱子蓋嘗見義於書臨漳所刊四子後曰：「中庸雖七篇之所自出，然讀者不先於孟子而遽及之，則亦非所以爲入道之漸」，別識心裁，不同常解；未可繩以一孔之論也！朱子爲宋學大宗，而其解經則壹依漢儒家法。嘗謂「某尋常解經，只要依訓詁說字。」（語類卷七十二）「漢儒善說經者，不過只說訓詁；」（答張敬甫書）「如教人亦只言某字訓某字，自尋義理而已」（語類卷一百三十七）「程先生經解，理在解語內；某集注論語，只是發明其辭，使人玩味經文，理皆在經文內。」（語類卷十九）一生精力，殫於四書。大學古本爲一篇，朱子則分別經傳，顛倒其舊次，補綴其闕文，中庸亦不從禮記鄭玄註分節，用漢儒書歐陽大小夏侯章句春秋公羊穀梁章句之例，謂之章句；而論語孟子則融會諸家之說，謂之集注，猶何晏注論語，裒八家之說，稱集解也。詁訓取之漢魏，義理宗於二程，先之精義以薈萃衆家，繼爲或問以辨證得失；四書之學，朱子實以名家！而後來紹明其學者，皈依攸同，蹊逕各別；綴而爲論，不出二派：其一採朱子文集語錄，下逮門人所記以發明章句集注，則有宋眞德秀劉承撰四書集編二十六卷，趙順孫撰四書纂疏二十六卷，元盧孝孫撰四書集義一百卷，劉因刪其煩蕪，成四書集義精要二十卷，（佚二卷）胡炳文撰四書通二十六卷，倪士毅重訂四書輯釋二十卷，史伯璿撰四書管窺八卷凡六家（盧孝孫劉因爲一家）一百三十六卷，以朱詁朱，是爲正宗。其二旁采衆家，參證同異，以折衷於章句集注，其中又分二派：有主發明義理者，則有宋蔡模撰孟子集疏十四卷，蔡節撰論語集說十三卷，金履祥撰大學疏義一卷，明呂留良撰四書講義四十三卷；有重訓詁考證者，則有宋金履祥撰論語集注考證十卷，孟子集注考證七卷，元張存中撰四書通證六卷，詹道傳撰四書纂箋二十卷，清程大中撰四書逸箋六卷凡八家一百二十卷：或旁采博蒐，以朱子爲折衷；或拾遺補闕，匡朱子所未逮，而要之言必有宗，義取旁證，此爲旁裔。其它諸家，有無心與朱子立異而頗不合於朱子者，亦分數派：則有宋鄭汝諧撰論語意原二卷，張栻撰癸巳論語解十卷，此與朱子同時而不相爲謀者也。宋黎立武撰中庸指歸一卷，中庸分章一卷，大學本旨一卷，此與朱子同門異戶，而傳郭忠孝郭雍之學，於程門別樹一幟者也。宋袁甫撰中庸講義四卷，闡陸象山之旨；而明周宗建撰論語商四卷，劉宗周撰論語學案十卷，鹿善繼撰四書說約三十三卷，黃宗羲撰孟子師說二卷，承王陽明之緒。此與朱子道不同，故不為謀者也。孫奇逢撰四書近旨二十卷，則又折衷朱陸之間者也。凡九家八十七卷，皆無心與朱子立異而頗不合於朱子者也。亦有立意與朱子為難而別標眉目者；則有元陳天祥撰四書辨疑十五卷，明高拱撰問辨錄十卷，清毛奇齡撰論語稽求篇七卷，四書賸言四卷，大學證文四卷，四書改錯二十二卷，凡三家六十四卷。具條覩記如右，庶幾讀者窮原至委，竟其流別，足以闡明朱子四書一家之學矣！清儒解經，囂稱漢學，以自別於朱子；而門戶蹊逕又自不同：有蒐采異義以匡古注之闕違者；胡渭撰大學翼眞四卷，焦循撰論語補疏二卷，宋翔鳳撰孟子趙注補正六卷，大學古義說二卷，四書纂言四十卷，劉台拱撰論語騈枝一卷，沈濤撰論語孔注辨僞二卷，黃式三撰論語後案二十卷，潘維城撰論語古注集箋二十卷，俞樾撰續論語騈枝一卷，凡八家九十八卷。有紹明絕學以葺一家之佚說者；宋翔鳳輯論語鄭注十卷，俞樾撰論語鄭義一卷，凡二家十一卷，此發明鄭義者也。宋翔鳳又以劉熙之學出於鄭氏，其注孟子，如南河牛山諸注，考其地形，並勝趙岐，輯孟子劉注一卷，此宣揚劉熙者也。劉逢祿撰論語述何二卷，宋翔鳳撰論語說義十卷，劉恭冕撰何休注訓論語述一卷，戴望撰論語注二十卷，康有爲撰論語注二十卷，凡五家五十三卷，此紹述何休者也。但就考訂而論，亦復各有所明。有考訂名物人地者，凡七家二十六卷：閻若璩撰四書釋地一卷，續一卷，又續二卷，三續二卷，餘論一卷，孟子生卒年月考一卷，孔廣牧撰先聖生卒年月日考二卷，宋翔鳳撰四書釋地辨證二卷，此考訂地理人物者也。江永撰鄉黨圖考十卷，金鶚撰鄉黨正義一卷，此疏證名物典制者也。其他若王夫之四書稗疏二卷，方觀旭論語偶記二卷，則名物典制，人名地理，有所得輒記之，亦屬此類。有考訂文句音義者，翟灝撰四書考異七十二卷，徐養原撰論語魯讀考一卷，蔣仁榮撰孟子音義考證二卷，凡三家七十五卷。至周廣業撰孟子四考：曰孟子逸文考第一，孟子異本考第二，孟子古注考第三，孟子出處時地考第四，則又博極羣書，而於時地人物，文句故訓，兼考備采，以自名一家言者也。若乃彌綸羣言，折衷至當，則有劉寶楠恭冕父子撰論語正義二十四卷，焦循孟子正義三十卷，擷衆家之菁英，集清學之大成焉！特是論孟多專家，而學庸罕兼及；此乃漢學門戶，所爲與朱子不同者也。惟朱子特標四書以約五經之指歸；而漢學則揭孝經以見六藝之總會。漢書藝文志六藝略，既立孝經一類，以統五經雜議；而鄭玄六藝論則謂：「孔子以六藝題目不同，指意殊別，恐道離散後世莫知根源，故作孝經以總會之。」隋書經籍志亦引其語而卒之曰：「明其枝流雖分，本萌於孝者也。」然則孝經者，六藝之總會，大道之本萌也；故以附於篇，匪惟徵漢宋之異學，抑以明至德之由茁。朱子精闡之以天人性命之奧，漢儒體驗之於人倫日用之常，一則發攸以闡顯，一則言近而指遠，以立言論，朱子入微，而漢儒爲粗，就體用言，朱子蹈空，而漢學平實。辭趣不同，而要歸之於修身以立命，盡己以淑羣，則無乎不同！髫歲服習，初不經意；而今四十歲，飽更世患，民治革政，共而不和，爭民施奪之既久，寖尋以至今日，又見有專無制，哀哉耗已！末法披昌，人將相食！窮則反本，種溫故書，然後知聖人憂世之情深，仁民之道大也！繕寫既定，而爲考鏡原流，發明指意，於文章典籍之中，得其辨名正物之意，庶幾尼山正名之義云爾！

中華人民造國之十八年十二月無錫錢基博自序

目錄

孟子第二

中庸第四……四八

孝經第五附……六九

四書解題及其讀法

大學第一

大學之書，古之太學所以爲學之道也。於今可見古人爲學規模者，賴有此耳。爰撰爲篇，以詔學者。

【解題及隸四書始末】大學爲禮記四十九篇之一，次第四十二。自宋以前，無別行之本。司馬光有中庸大學廣義一卷，見陳振孫書錄解題；而大學一書，始與中庸駢稱別出。程顥及弟頤世稱二程夫子，爲道學開山之祖；教人自致知至於知止，誠意至於平天下，灑掃至於窮理盡性，表章大學中庸二篇，與論語孟子並行，以爲標指，而達於六經。迄宋南渡，新安朱熹得程氏正傳，（宋史道學傳）在孝宗淳熙之世，迺撰大學章句與中庸章句論語孟子集註幷行。寧宗朝，開僞學禁，稱朱熹四書。自是有四書之目，而大學遂爲四書之一。謂之大學者，厥誼有三：一曰大學者，太學之道。禮記鄭玄註：「大舊音泰，」程子改讀如字；按大小太少，古籍通用，如大宰一曰太宰，小宰一曰少宰之類，不以老稚巨細分也。大學之對小學而得名，雖程朱未之易也！（王夫之四書稗疏一）朱熹之序大學章句曰：「人生八歲，則自王公以下，至於庶人之子弟，皆入小學，而教之以灑掃應對進退之節，禮樂射御書數之文；及其十有五年，則自天子之元子衆子，以至公卿大夫元士之適子，與凡民之俊秀，皆入大學，而教之以窮理正心修己治人之道。此又學校之教大小之節所以分。」則是小學爲童子之學，大學爲成人之學，是小學爲少學，而大學爲太學矣！大學之書，古之太學所以爲學之道也。此一誼也。一曰大學者，大人之學。（朱子章句）大人以對小人而得名。樊遲請學稼，子曰：「小人哉樊須！」（論語）子路言必信，行必果，子又斥之曰：「硜硜然小人哉！」（同上）孟子稱「體有小大，養其小者爲小人，養其大者爲大人。」（孟子告子上）小人者，私其我於一己者也；大人者，擴其我以善羣者也。大學之道，本之修身，達於天下，明德匪徒自明，親民期於至善；舉修身，齊家，治國，平天下，而一貫以格物，致知，誠意，正心之學；既不同於孟子之所譏「養其小者，」亦非如獨善其身、言信行果之爲硜硜然小人。此其所以爲大人之學也！又一誼也。抑余重有進焉：學之爲言覺也。（白虎通辟雍）大學者，大覺之誼也。儒者之稱大學，懸爲治學者至高之鵠的；猶之釋氏標佛爲最高境詣，以樹進修之鵠。佛，正音佛陀，漢言覺也。覺具三義：一者自覺，悟性眞常，了惑虛妄；二者覺他，運無緣慈，度有情界；三者覺行圓滿，窮原極底，行滿果圓。（翻譯名義集十種通號第一）此之謂佛，亦此之謂「大學之道。」「在明明德」者，自覺也。在「親民」者，覺他也。「在止於至善」者，覺行圓滿也。佛之教人也，則曰「唯行菩薩行者，得成佛；其修獨覺禪者，永不得成佛。」何謂菩薩行？菩薩，正音菩提薩埵。菩提，此謂之覺；薩埵，此曰衆生。以智上求菩提，用悲下救衆生，（翻譯名義集三乘通號篇第五）故曰菩提薩埵。儻證之於大學：由格物，而致知，而誠意，而正心，而修身；以智上求菩提也；「在明明德」之事也。由齊家，而治國，而平天下；用悲下救衆生也；「在親民」之事也。如是者爲菩薩行；而成佛者舍是莫由！伊尹曰：「天之生斯民也，使先知覺後知，使先覺覺後覺也。予，天民之先覺者也；予將以斯道覺斯民也！非予覺之而誰也！（孟子萬章上）是謂菩薩發心。而獨覺禪者，以自證自果爲滿足者也；譬之吾儒，則言必信、行必果之硜硜然小人矣！獨覺禪之所以永不得成佛者，以自覺而未能覺他也。言必信、行必果之所以爲小人之硜硜者，以獨善而未能兼善也。必明德、親民而止於至善，斯爲大學之究竟義。

【大學之作者】　按鄭玄目錄曰：「名曰大學者，以其記博學可以爲政也此於別錄屬通論，」（禮記正義引）而不言作者何人。（毛奇齡四書改錯云鄭氏禮註孔鮒孔叢子並云大學中庸皆子思所作此或可據今檢兩書不得未識何本）蓋東漢時，已不得作者姓名。朱熹撰大學章句分經一章，傳十章；以爲「經一章，蓋孔子之言，而曾子述之；其傳十章，則曾子之意而門人記之也。」其答林擇之書云：「傳中引曾子曰，知曾氏門人成之；」此則信矣！然孔門記夫子之言，必稱「子曰，」「子言之，」「孔子曰，」「夫子之言曰，」以顯之；今大學不著何人之言，以爲孔子，義無所據。（汪中述學大學平義）休寧戴震東原幼而就傅，授大學章句，至右經一章以下，問師：「此何以知爲孔子之言而曾子述之？又何以知爲曾子之意而門人記之？」師應之曰：「此朱文公所說。」卽問：「朱文公何時人？」曰：「宋朝人，」「孔子曾子何時人？」曰：「周朝人，」「周朝宋朝相去幾何時矣？」曰「幾二千年矣。」「然則朱文公何以知然？」師無以應。（段玉裁戴東原先生年譜）按朱熹以前，實未有以大學爲曾子作者；然考訂聖賢之言，亦以其義理辭氣得之，非必全藉佐證。且如張揖以爾雅釋詁爲周公作；揖亦生周公千載之後，何以知其然？而諸儒不疑也。又如緇衣爲公孫尼子作，此出於劉瓛之言，而論者無異議；又何獨可信乎？朱熹以爲大學曾子作，亦此類也。（方東樹漢學商兌卷中之上）惟大學之書，理極宏博；而曾子所作，語出肊測。君子於其所不知，蓋闕如也；既無佐證，不如闕疑。特玩誦其文，平正無疵，與坊記表記緇衣伯仲；爲七十子後學者所記，於孔氏爲支流餘裔，師師相傳，（汪中述學大學平義）要可斷言云！

【大學之本子】 昔蕭山毛奇齡大可撰大學證文四卷，備述諸家大學改本之異同，首列禮記註疏本，大學之眞古本也。次列漢熹平石經本，有錄無書；以原本不傳，且考驗舊文，知即今註疏之本，故不復列。次爲魏正始石經本，明鄞人豐坊道生所依託者；仍列於前，從其所僞之時代也。次爲明道程子改本，次爲伊川程子改本，次爲朱子改本，皆錄全文；次爲王柏改本，次爲季本改本，次爲高攀龍改本，即崔銑改本，次爲葛寅亮改本，皆僅列其異同之處，而不錄全文。凡十本。而漢熹平石經本，即註疏本，實九本。宋以前，皆用註疏本；宋以後，改本不一，而朱熹爲大宗。熹撰章句，蓋折衷於註疏本與程顥本之間者。顥以「康誥曰克明德」以後，釋「明」字「新」字「止」字者，聯於首章「明德」

「親民」「止至善」三語之下；然後及「古之欲明明德」一章；又然後以「所謂誠其意」以後節節釋焉。而頤則自「大學之道」至「未之有也」下，接「子曰聽訟吾猶人也」至「此謂知本」；下接「此謂知之至也」；下接「康誥曰克明德」至「止於信」；下接「所謂誠其意者」至「辟則爲天下僇矣」；下接「詩云瞻彼淇澳」至「此以沒世不忘也」；下接「康誥曰惟命不於常」至「驕泰以失之」；下接「詩云殷之未喪師」至「亦悖而出」；下接「生財有大道」至「以義爲利也」。惟首尾三段，仍其舊貫；而移易倒錯，漫及全篇矣。熹則用顥而不用頤。自記大學後曰：「大學一篇，經二百有五字，傳十章。今見於戴氏禮書，而簡編散脫，傳文頗失其次。子程子蓋嘗正之。熹不自揆，竊因其說，復定此本。蓋傳之一章，釋明明德；二章，釋新民；三章，釋止於至善；（以上並從程本，而增詩云瞻彼淇澳以下）四章，釋本末；五章，釋致知；（並今定）六章，釋誠意；（從程本）七章，釋正心修身；八章，釋修身齊家；九章，釋齊家治國平天下；（並從舊本）序次有倫，義理通貫，似得其眞。謹第錄如上。」（朱子文集卷八十一）云舊本者，註疏本也。自是熹本行而註疏廢。後儒不慊於熹者，迺反本修古，而用註疏本，明王守仁之撰大學古本旁釋一卷，（一本四卷）是也。大學古本：「其本亂」至「末之有也，」接「此謂知本」至「故君子必誠其意；」（熹本傳之第五章第六章）下接「詩云瞻彼淇澳」至「此以沒世不忘也；」（熹本傳之第三章下半）下接「康誥曰克明德」至「止於信」（熹本傳之第一章第二章及第三章上半）下接「子曰聽訟」至「此謂知本」（熹本傳之第四章）此大學古本之異於朱熹者也。遜清一代，漢學極盛，安溪李光地晉卿一生宗信朱熹；而撰大學古本說一卷，獨依註疏而不與同。而長洲宋翔鳳于庭論學崇西漢，尤以大學，禮記四十九篇之一，首尾完具，脈絡貫通，無經傳之可分，無缺亡之可補，成大學古義說二卷以廢朱熹。顧亦有用朱熹而刪其補傳者，德清胡渭朏明撰大學翼眞七卷。其第四卷以下，爲渭所考定之本，大指仍以朱熹爲主，力闢王守仁改本之誤；以經爲一章，傳爲八章。其誠意章以下，與諸本並同；惟以「康誥曰」至「是故君子無所不用其極」爲第一章，統釋三綱領。以「詩云邦畿千里」至「此以沒世不忘也」爲第二章，謂前三節，釋經知止能得之序；後兩節，釋知止之由與能得之序。以「聽訟吾猶人也」一節爲第三章，謂釋本末之意；而移「此謂知本」二句，於前章「止於信」之下，與諸本爲異。其說與朱熹雖小異，然僅謂格致一章，不必補傳耳。要之大學一書，以註疏本爲最古，以朱熹本爲最通行，一漢一宋，如日月之經行中天！謹爲條其原委於此。

【大學之讀法】大學之書，文章典則，辭趣宏深，擴其量以平天下，引其緒於明明德。故聖人能以天下爲一家，中國爲一人者，非意之也；六通四辟，運用無乎不在矣！豈容草草？爲擬讀法：

第一明其宗旨　大學者，大人之學，不私其我於一己之學；大覺之道，匪以獨覺爲自慊之道；題蘊昭宣，宗旨自明。格物致知者，始事也；誠意止至善者，極功也。所謂誠其意者，毋自欺也！以之修身，謂之明德；以之淑人，謂之親民。以言乎天地之間，則備矣！大學之以至善知止，猶易卦之以未濟終篇。精益求精，人心既無自慊之日；善又有善，吾道寧有息肩之涯。引之彌長，恢之彌廣，善之鵠的，既以人羣之進化而彌高；學之勵修，又以鵠的之繼高而精進。此易六十四卦之所爲終於未濟，而止至善所以爲大學之極詣也！

第二覈其篇章　周秦古書，凡一篇述數事，則必先詳其目而後備言之，首末相應，（汪中述學大學平義）此不僅大學爲然；獨大學一篇，朱熹分爲經一章，傳十章，最爲清儒所訾議。然按注疏本，鄭玄於後諸節皆一一分注曰：「此廣明誠意之事」；「覆明前經正心修身之事」；「重明前經修身齊家之事；」「覆明前經齊家治國之事；」「覆明上文平天下先治其國之事。」是鄭君亦已䪫其篇章，分應前經；（方東樹漢學商兌卷中之上）非朱熹始分章也。毛詩豳風七月首章，鄭箋云：「此章陳人以衣食爲急，餘章廣而成之，」然則古人之文，有以餘章廣成首章之意者；若朱熹但於首章之下云：「餘章廣而成之，」而不分經傳，（陳澧東塾讀書記卷九）此則鄭君家法，而清儒不能加以訾議者也。特是鄭君注大學，既一一分應前經，不應誠意前獨闕格物致知之事；而又以曾子曰，淇澳烈文兩詩，康誥太甲帝典三書，湯盤玄鳥文王之詩，夫子聽訟之言，總謂皆是誠意之事，殊爲混淆不確！（方東樹漢學商兌卷中之上）此其中有譌脫，固可懸揣而知。朱熹移易補傳，迥爲武斷；而理順文從，特爲過之。此以終古不廢也！或以誠意，正學者切要處，所以成始而成終者，不當退處於後？然大學開篇曰「在明明德；」則上一「明」字，自不可忽。格物致知，正明之之實事始功；誠意非所以成始也，故曰：「欲誠其意者，先致其知，」「知至而後意誠，」次第分明。然則朱熹退之處後，何嘗無據也！（方東樹漢學商兌卷中之上）熹於大學修改無虛日，誠意一章，未終前三日所更定，（王懋竑纂訂朱子年譜卷四）豈漫爲然。夫意之不誠，由於知之未致，中庸曰：「誠之者，擇善而固執之者也。博學之，審問之，愼思之，明辨之，篤行之。有弗學，學之弗能，弗措也。有弗問，問之弗知，弗措也。有弗思，思之弗得，弗措也。有弗辨，辨之弗明，弗措也。有弗行，行之弗篤，弗措也。人一能之，己百之。人十能之，己千之。果能此道矣，雖愚必明，雖柔必強。」中庸之言自明誠，猶大學之言知至而后意誠也！何疑於朱熹之退誠意章於後乎！

第三稽其訓詁　按大學訓詁之聚訟者，不出三事：（一）曰「明明德。」鄭玄註：「明明德，謂在明其至德也。」孔穎達疏：「章明己之光明之德，謂身有明德而更章顯之。」註以「明德」爲至德，旣涉浮泛；疏用章顯訓上「明，」尤近外鑠。循文爲訓，未中肯要！獨熹章句最爲警切！稱：「明，明之也。明德者，人之所得乎天，而虛靈不昧，以具衆理而應萬事者也。但爲氣稟所拘，人欲所蔽，則有時而昏；然其本體之明，則有未嘗息者；故學者當因其所發而遂明之，以復其初也。」上「明」之解，用鄭註而特分明了當；「明德」之訓，取孔疏而更鞭辟入裏。爾雅釋言：「明，朗也。」賈子六術道德說皆稱「明者，德之理；」而緟言以申之曰：「德生理。理，離狀者也。性生氣而通之以曉，理生變而通之以化。明者，神氣在內，則無光；而爲之明，則有輝於外矣。外內通一，則爲得失事理是非，皆職於知：故曰光輝謂之明，明生識，通之以知。」說文明部：「朙，照也；从月，从囧明。」（古文明从日）廣雅釋詁三：「明，類也。」釋詁曰：「明，發也。」从日从月，以象本體之明；故曰：「人之所得乎天。」曰朗曰照，以擬中邊之徹；故曰：「虛靈不昧。」曰類曰發，以通離狀之理；故以具衆理而應萬事。古訓是式，豈曰苟焉而已！然後知熹彌綸羣言，研精一理爲不可及也！（一）曰「親民。」孔穎達疏稱：「親愛於民；」而程顥則曰「親當作新，」朱熹章句采焉。清儒多明孔疏以難程朱。然下文釋「明明德」之後，引湯之盤銘曰：「苟日新，日日新，又日新；」康誥曰：「作新民；」詩曰：「周雖舊邦，其命惟新；」則是明以新民爲言；而上文必執「親愛」爲訓，前後不照，於義何取！且同聲通叚，古書極多其例；何獨於「親當作新」而疑之！（三）曰「格物。」鄭玄注：「格，來也。物，猶事也。其知於善深，則來善物；其知於惡深，則來惡物。」穿鑿難曉，於上下文義尤扞格。而朱熹章句則曰：「格，至也，物，猶事也。」「所謂致知在格物者，言欲致吾之知，在卽物而窮其理也。」「物」之「猶事，」既同鄭玄；「格」之詁「至，」語出爾雅。（爾雅釋詁格至也）格物，猶言隨事也。熹癸未垂拱奏劄稱：「大學之道，在乎格物以致其知。格物者，窮理之謂也。蓋有是物，必有是理。然理無形而難知，物有迹而易覩。故因是物以求之，使是理瞭然心目之間，而無毫髮之差；則應乎事者，自無毫髮之繆。陛下雖有生知之性，高世之行，而未嘗隨事以觀理，故天下之理，多所未察；未嘗卽理以應事，故天下之事，多所未明。」（朱子文集卷十三）此朱熹「格物」之眞實解故，而所以自命一家！蓋舍格物而言明德，象山之學也；離明德而言新民，永嘉之學也；（永嘉之學薛季宣陳傅良葉適爲著其學主禮樂制度以求見之事功而推原以爲得統於程氏）則是大學者，朱熹之學所自出也。特爲疏通證明如此。

余六歲讀大學，迄四十歲，涵泳體味，久而有會。粗述覩記，以備研討云爾。

論語第二

昔仲尼微言，門人追記，故仰其經目，稱爲論語；蓋羣論立名，始於此矣。（劉勰文心雕龍論說第十八）夫大道無名，聖人不稱。聖人豈不欲廢去應問，體道以自冥哉！道無問，問無應，不發一言，下與萬物同患，此特畸人耳！匪聖人之所尙！然則孔子雖欲忘言，豈可得哉！不得已而言理以答學者之問而已！（陳祥道論語全解序）粗述覩記以纂爲篇。

【解題】 論語云者，孔子門人論纂夫子之語而因題耑也。漢書藝文志曰：「論語者，孔子應答弟子時人及弟子相與言而接聞於夫子之語也。當時弟子各有所記，夫子旣卒，門人相與輯而論纂，故謂之論語。」則是門人論纂夫子之語而因題耑也。論衡正說篇：「初孔子孫安國以教魯人扶卿，官至荆州刺史，始曰論語。」若以論語之名，爲安國所題者。然按論語名見禮記，坊記引論語曰：「三年無改於父之道。」而禮記百三十一篇，漢書藝文志著錄以爲「七十子後學者所記。」然則論語之題，當不始於安國也。詩大雅毛傳曰：「直言曰言，論難曰語。」說文言部：「直言曰言，論難曰語。」「語，論也。」「論，議也。」「議，語也。」「語」「論」「議」三字展轉互訓，是「論」「語」二字異名同詁，爲與人言之稱也。今按其書所記，有孔子答弟子問者，有弟子自相答問者，又有時人相言者，有臣對君問者，有師弟子對大夫之問者，亡慮多論難之語。論語題耑，或亦以此？然其中直言之言，亦自不少；如「子曰」「有子曰」「曾子曰」「子夏曰」之屬，是也。或說：「名書之法，必據體以立稱。猶如以孝爲體者，則謂之孝經；以莊敬爲體者，則謂之禮記。然此書之體適會多途；皆夫子平生應機立教，事無常準，或與時君抗厲，或共弟子抑揚，或自顯示物，或混迹齊凡，問同答異，言近意深，詩書互錯綜，典誥相紛紜，義既不定於一方，名故難求乎諸類，因題論語二字，以爲此書之名。論者綸也，輪也。言此書經綸今古，而義旨周備，圓轉無窮，如車之輪也。」（見皇侃義疏序，疑皇疏非眞故或之）此疑後起之新義，而非本來如此也！特以深得聖人「應機立教」之旨，故輒著焉。

【論語之記者】　說者不一：論語讖稱「子夏六十四人共撰仲尼微言。」則撰者不一人；何晏集解敍云：「漢中壘校尉劉向言：『魯論語二十篇，皆孔子弟子記諸善言也。』」此最古說，東漢班因本之而箸入漢書藝文志者也。趙岐孟子題辭曰：「七十子之儔，會集夫子所言以爲論語，」亦與劉向說同。獨鄭玄論語序謂「仲弓子游子夏等撰。」（見劉寶楠論語正義附錄鄭文論語序佚文）子夏出論語識；然又指出仲弓子游，不知何本？魏朝王肅亦同其說。（陸九淵象山語錄曰鄭康成王肅謂論語爲子游子夏所編）此第二說也。然謂之曰「等，」則所該者廣，猶是「孔子弟子記」之意爾。獨唐柳宗元駁難「孔子弟子記」之古說，而以爲「曾子弟子之爲之」也。曰：「孔子弟子，曾參最少，少孔子四十六歲。曾子老而死，是書記曾子之死，則去孔子也遠矣！曾子之死，孔子弟子略無存者已！吾意曾子弟子之爲之也。是書載弟子必以字，獨曾子有子不然。由是言之，弟子之號之也。有子稱子者，孔子之歿，諸弟子以有子爲似夫子而師之也。今所記獨曾子最後死，余是以樂正子春子思之徒與爲之爾。」（見論語辨）此後起之新說也。宋儒程頤曰：「論語之書，成於有子曾子之門人，故是書獨二子以子稱。」蓋仍柳宗元之說，而稍有不同者，蓋柳氏以爲「曾子弟子之爲之；」而程子以爲「有子之門人與爲之」也。朱熹載其說於集注之前，近儒康有爲梁啓超皆以其說爲不可易者也。特康氏用柳說，（見論語注序）而啓超採程子耳！（見要籍解題）然宋之楊時陸九淵，清之姚鼐劉寶楠，皆疑程子之說爲未必然。時之說曰：「論語首記孔子之言而以二子（有子曾子）之言次之，蓋其尊亞於夫子；」（見論語解）不主師說出其門人。而九淵以爲「學而篇子曰次章便載有若一章，又子曰而下載曾子一章，皆不名，而以子稱之，蓋子夏輩平昔所尊者此二人耳」（見象山語錄）特出揣測之辭，尙未有佐證也！姚鼐則引檀弓爲佐證，謂：「檀弓最推子游，似子游之徒所爲；而於子游稱字，曾子有子稱子，似聖門相沿稱皆如此，非以字與子爲重輕也」（見古辭纂論語辨注中）余按檀弓之記有子曾子，皆有貶辭；而於曾子特甚！然不敓其子之稱也，知姚氏「聖門於二人相沿稱子」之說爲信。顧亦有以閔子騫稱字，徵爲閔子騫撰者。宋永亨謂：「論語所記孔子與人語及門弟子問答，皆斥其名，未有稱子者；雖顏冉高弟，亦曰回曰雍。至閔子獨云子騫，終此書無指名，意其出於閔氏。」（王鳴盛蛾術編迮鶴壽按引明張燧千百年眼亦有此說）然按論語記諸賢稱字者亦不一例：如仲弓子路子夏子游子張子貢子賤子羔，皆獨稱字；顏淵冉伯牛漆雕開（本名啓字開，以開爲名，誤自孔注論語開名俗本家語開字子若之文說，詳閻若璩四書釋地三續）公冶長巫馬期司馬牛曾晳公西華樊遲與閔子騫，則皆字而加姓。又有名氏字直書者，如有子又稱有若，陳子禽又稱陳亢，原思改稱憲，宰我又稱予，南容又稱南宮适，冉有又稱冉求，亦止稱求；既氏字矣，而又名之，迄不畫一。蓋七十子之徒，記其師，固以書字爲敬；或加氏者，必七十子及三千人中更有與同字一人，則加字以爲識別。史記仲尼弟子列傳載：冉子有子並字子有，奚容蒧伯虔並字子晳，曾蒧（即點字）狄黑並字晳，榮旂縣成並字子旗，驤駟赤鄭國並字子徒，公祖句玆秦非並字子之，顏噲樂欬並字子聲，漆雕哆邽選並字子歛，公西輿公西藏並字子上。七十二子中，同字者已九人；三千之徒，從可知矣。以有兩子有兩子晳，故記曾子冉子，必加字，斷無書子有子晳者；他皆此例也。至哀公問年饑章，稱若；君前臣名之禮也。問異聞章稱亢，問恥章稱憲，問羿奡章稱适，問禮之本章稱放，太宰問子貢章稱宰，非不說子之道章稱求，或其自記；晝寢章稱予，季氏富於周公章稱求，或以夫子聲其罪，故貶而名之。（劉書年經說論語記諸賢稱謂說）或曰「雍也仁而不佞」此或人必是夫子之同輩。（王鳴盛蛾術編迮鶴壽按）然則論語之記諸賢稱名有故，稱字通例；匪獨閔子騫而已。胡寅謂：「憲問篇不書姓，且直稱名，疑通篇皆憲所記。」（見論語詳解）而何異孫則曰「公冶長一篇，多論人物，恐是子貢門人所記。先進一篇稱閔子侍側，恐是閔子門人所記。第十七篇，多子貢子夏之言，然亦必曾子門人記之，以有曾子曰故也。」（見十一經問對）要之論語之作，不出一人，故語多重見；漢書藝文志曰：「當日弟子各有所記」者也。「門人相與輯而論篹，」自在「夫子既卒」之後。「門人」者，孔子之再傳弟子也。里仁篇「子出，門人問曰：『何謂也』」正義：「門人，曾子弟子」，此其證也。古謂親受業者爲弟子，轉相受者爲門人，漢人則曰門生，後漢書賈逵傳曰：「逵所選弟子及門生」者是也。今推漢書藝文志之意，蓋謂孔子應答弟子時人及弟子相與言而接聞於夫子之語，「有所記」者，「當時」之「弟子」；而「相與輯而論篹」者，「夫子既卒」以後之「門人」也。論語讖稱：「子夏等六十四人共譔。」意「六十四人」者，必多「夫子既卒」以後之「門人」；而「相與輯而論篹」之時，嘗以質正於子夏，故以子夏題首。據史記孔子世家，孔子生於魯襄公二十二年；而仲尼弟子列傳，則稱子夏少孔子四十四歲，則子夏之生，在魯定公三年也。據十二諸侯及六國年表，又十二年而魯哀公立；又二十九年（魯世家作二十七年）而魯悼公立；又三十七年而魯元公立。元公四年，魏文侯之元年也。文侯十八年，受經於子夏。（魏世家載受經事在二十五年）禮記樂記有文侯問樂於子夏事，想亦在是時，計是時子夏已百有一歲；若就魏世家計之，則百有八歲矣！然則孔子七十二弟子，獨子夏最老壽後死。「門人相與輯而論纂」，必以子夏逮事夫子，而爲有道之正焉！是時去魯悼公之歿二十二年；而去魯哀公之歿已五十一年矣！然則記曾子之死，稱魯哀公季康子子服景伯孟敬子諸人之謚，而王鳴盛梁啓超之所引以爲疑者，（見王鳴盛蛾術編梁啓超要籍解題）又何足怪！而記言之弁以「子曰」，如佛經之冠以「如是我聞」，所以明師說，絕杜撰。智度論二載：「佛入滅時，阿難請問四事，其第四問：『一切經首置何字？』佛答：『以後一切經首，當置如是我聞，一時佛在某處，與某某衆若干等，何以故？過去諸佛經初皆稱是語；未來諸佛經初亦稱是語；現在諸佛末後涅槃時，亦教稱是語。』」將以溯師承之所自，徵見知之有人。今按漢書藝文志稱：「論語者，孔子應答弟子時人及弟子相與言而接聞於夫子之語，當時弟子各有所記；夫子既卒，門人相與輯而論纂。」而禮檀弓記曾子述夫子「喪欲速貧，死欲速朽」之言；而有子固徵「非夫子之言」。可知凡記一義，無不幾經討論，聞見有共，門人公認，而後纂以入書；特著「子曰」者，所以見門人相與輯而論纂「非夫子之言」不輯也！孟子引孔子之言凡二十九，見於論語者八；（學不厭而教不倦，里仁爲美，君薨聽於冢宰，大哉堯之爲君，小子鳴鼓而攻之，吾黨之士狂簡，鄉原德之賊，惡似是而非者。）而其不見論語者二十一，當必爲門人論纂之所不輯，而聞知見知之無徵不信者矣！至所與輯而論纂，可考見其體者有二：（一）論語記聖人之言，有但記其要語，其餘則删節之者，如孟子盡心下：「過我門而不入我室，我不憾焉者，其惟鄉原乎！鄉原，德之賊也。」據此，則論語所記，節去上三句也。以此推之，如「君子不器」「有教無類」四字而爲一章，何太簡乎？必有節去之語矣。所以然者，書之於竹簡故也。故竹簡謂之簡，文字少亦謂之簡；字義之相因，大率類此。（二）論語記弟子之問有兩體，如子貢問曰：「何如斯可謂之士矣？」子張問曰：「何如斯可以從政矣？」凡問者蓋皆如此，必有所問之語也。簡而記之，則但曰「問政」「問仁」「問孝」耳。且諸賢之問，固有所問之語，尤有所問之意，如子貢問「何如斯可謂之士」，豈子貢身爲士而竟不知士之謂乎？此乃求夫子論古今士品之高下，故問及今之從政者；其他可類推也！（陳澧東塾讀書記卷二）因爲籀其大例，發其指意於此。

【論語之本子】　漢書藝文志箸錄三本：（一）論語古二十一篇，（二）齊二十二篇，（三）魯二十篇。孔子垂教於魯，其傳當以魯爲宗。齊論者，齊人所傳，多問王知道二篇，凡二十二篇；其二十篇中章句，頗多於魯論。武帝時，魯共王欲以孔子宅爲宮，壞，得古文論語，分堯曰以下，子張問政爲從政篇，凡二十一篇。（何晏集解敍曰分堯曰下章子張問以爲一篇有兩子張凡二十一篇與漢書藝文志不同）桓譚新論說古論云：「文異者四百餘字。」（見陸德明經典敍錄引）或說：「古論以鄉黨爲第二篇，雍也爲第三篇。」（見皇侃義疏序疑皇疏非眞故或之）篇次亦不與齊魯論同。安昌侯張禹本受魯論，兼講齊說，合而考之，采獲所安，爲論語章句，除問王知道二篇，從魯論二十篇爲定，最後出而尊貴，諸儒爲之語曰：「欲爲論，念張文。」由是學者多從張氏，號張侯論，（兼采漢書本傳志有魯安昌侯說二十一篇）而禹本傳大書曰：「爲論語章句」是也。是爲論語之第四本。東漢之包咸周氏章句出焉；「見何晏集解序」是爲論語之第五，第六本。其後鄭玄以周氏章句之張侯論爲本，以齊古讀正凡五十事；（兼采隋書經籍志陸德明論語音義之說陸氏音義曰鄭校周之本以齊古讀正凡五十事宋翔鳳師法表云周之本卽周氏之出於張侯者劉寶楠論語正義云今以鄭氏佚注校之祇得二十四事）是謂論語之第七本。魏朝何晏之集解出焉。然集解本亦有與鄭異者，如爲政「有酒食先生饌，」「饌」鄭作「餕；」里仁「無適也，」「適」鄭作「敵；」先進「異乎三子者之撰，」鄭作「僎」憲問「子貢方人，」「方」鄭作「謗；」微子「朱張，」鄭作「侏張；」「廢中權，」「廢」鄭作「發；」（見陸德明經典釋文）是爲論語之第八本蓋即今十三經注疏本而流傳於世者也。大祇何晏採鄭玄，而鄭玄本張侯篇次從魯論，而章句參齊古斯可考定者。惟何晏在魏朝，能清言而善老易其爲集解，大都集孔安國包咸周氏馬融鄭玄陳羣王肅周生烈諸家所說，（中孔安國說疑出王肅僞托見丁晏論語孔注正僞）而輔以玄譚如解公冶長「性與天道不可得聞」謂「性者人之所受以生，天道者元亨日新之道，深微故不可得聞也。」解衞靈公「一以貫之」謂「善有元，事有會，天下殊塗而同歸，百慮而一致，知其元，則衆善舉矣！」此輔以老易之玄譚者也。然後儒之言論語者，一以何晏集解爲宗。梁皇侃採魏晉諸儒之說而爲之義疏，亦涉清玄而殆有甚焉！何晏輔會老易，而侃則采及佛氏；如解先進「未知生，焉知死；」謂「外教無三世之義，周孔之教，唯說現在，不明過去未來，」此用佛氏語釋經。蓋佛經爲內典，故孔說爲外教也。甚至謂原壤爲方外聖人，孔子爲方內聖人。然宋國史志稱：「侃疏雖時有鄙近，然博極羣言，補諸書之未至，爲後學所宗。」邢昺之疏，蓋因皇侃所採諸儒之說而加刊定者也；於侃疏之語有涉玄者，皆刪棄之，有廓清之功矣！特是疏之爲體，例不破注；亦有語涉何解而疏以玄言者：如述而「志於道，」晏解「道不可體，故志之而已。」皇疏曰「道者，虛通無擁自然之謂也。」又曰：「寂然至無，則謂之道。」此語涉何解而疏以玄言者也。獨翦皇疏之枝蔓，而稍傅以義理；漢學宋學，茲其轉關，蓋邢疏出而皇疏微矣！（皇疏在中國久佚今所傳本乃清乾隆時由日本流入）然竊以爲不如朱熹集注之博學詳說融會諸家而以反說約也。惟何晏集解，集漢魏諸儒之解而明其訓詁；而朱熹集注，則集宋儒諸家之注而籀其義理。言非一端，有並行而不悖者焉。獨是朱熹集注亦多採何晏集解，然不稱某氏曰者，多所刪改故也。獨學而「父在，觀其志；」集解孔安國曰：「父在，子不得自專；」朱注不刪改而不稱孔。爲政「殷因於夏禮，所損益可知也；周因於殷禮，所損益可知也。」集解馬融曰：「所因，謂三綱五常；所損益，謂文質三統。」朱注引馬氏而不稱融。世儒讀朱注者，不讀集解，遂不知朱注所自出矣！唐玄宗孝經注多本於先儒。元行沖爲疏，一一著明之，曰：「此某某義，」惜不得其人者而爲朱注作疏也！（陳澧東塾讀書記卷二）遜清一代，昌明漢學；諸家說論語者，彬彬乎可觀！而劉寶楠融貫漢宋，以何晏集解爲本，重造新疏，旁采子史，而折衷於清儒諸家之說，成論語正義二十四卷，斯尤自別於何氏之集解，朱熹之集注，而集淸代論語諸家之大成；可謂「五經之錧鎋，六藝之喉衿」也！「觀止矣！雖有它樂，吾不欲請矣！」

【論語之讀法】論語注家不一；而未看注之前，須將白文先自理會，得其意理；然後看注以驗得失，虛心涵泳，勿囿我執，勿膠古人，擇其善者從之，其不善者改之，思有不得，則記以存疑；積久思之，必有豁然開悟之一日。如未理白文而遽看注，先入爲主，縛於古人成見，或不得自脫矣！然蘇東坡教人讀書，每次作一意求；如欲求古人興亡治亂，聖賢作用，但作此意求之，勿生餘念；旣訖，又別作一次求；事迹故實典章文物之類，亦如之，他皆倣此：雖迂鈍，而他日學成，八面受敵，與涉獵者不可同日語也！況論語彌綸羣言，誼非一端，宋儒程頤嘗以分類讀教學者；元朱公遷推廣其意，以成四書通旨六卷：取四書之文，條分縷析，以類相從，凡爲九十八門；每門之中，又以語意相近者，聯綴列之，而一一辨別異同，務使讀者因此證彼，渙然冰釋。略仿其意，爲擬讀法：

第一考其人物　當以孔子及弟子爲主。孟子曰：「誦其詩，讀其書，不知其人，可乎？是以論其世也。」知人論世，是讀書第一事；故先之以考其人物；可以論語所載孔子行事及門弟子時人褒刺孔子之言，與史記孔子世家比勘異同，其採入世家者若而事，其未採入世家者若而事。如有未採，是否司馬遷未見論語？是否司馬遷見論語而以其事無關大體？抑司馬遷見論語無此諸事而與今本有異？其故可深長思也。次又以孔子弟子之見姓名於論語者，檢仲尼弟子列傳對勘，其有傳者若而人，傳載其人行事與論語奚若？揆諸論語所載孔子之論評，是否符契？有遷傳其人甚善而論語有貶，有不善而論語褒者，其故又安在耶？

第二析其義理　論語之有裨中國人生哲學，全體大用，具在於此！余讀阮元揅經室文集，有論語論仁論，專采論語之論仁者，薈列而觀其義通，此可爲讀論語者法。近人沈同芳教人讀論語，當分類體玩以觀其異同；如問孝爲一類，而答各不同；知其所以異，卽知其所以同。此外問政問仁問及一切言行，皆當作如是觀；（見國文補習經史答問）其法卽本之阮元也。昔余以沈氏之法，箸論語正名篇，首冠以「衞君待子爲政」之章，而附以剖析名義諸論，凡十二目：曰通論，曰論知，曰論仁，曰論恕，曰論孝，曰論剛，曰論直，曰論明，曰論達，曰論文，曰論狂狷，曰論政。（政者正也）然後知「名者所以列同異，明是非，道義之門」（用晉書魯勝傳墨辯注序語）而「名不正則言不順」之說爲不刊也。然余嘗有意籀荀子正名之篇，以正論語之名；而卒卒未暇爲！未知孔子之所以論仁論知者，果有當於荀子正名之法否耶？儻或竟其業，必有所以起予者矣！

第三明其教學　孔子曰：「聖則吾不能！我學不厭而教不倦也！」子貢曰：「學不厭，知也。教不倦，仁也。」嗚呼！此孔子之所以爲萬世師表也！儻探孔子言教言學，及門弟子言孔子教學之見論語者，與禮記學記對勘，則知孔子所以言教學之大經大法，亦非自我作古而有所本；而今日之教學所以不如孔子者，非無言教言學之人，而不厭不倦之誠，有不如孔子者也！世有知言，當恍然於所以而知自省矣！

第四覈其政論　「夫子至於是邦也，必聞其政。」而其所論列，則有託古寄慨者，有因時立論者；有爲一時言者，有不僅爲一時言者；同條牽屬，指事類情，必以勘列而有所獲，可斷言者！

此外論語一書，有衡評古人者，有旁通諸子者，悉數不能盡；而文章之美，語言之工，足垂模楷於斯文，而樹立言之準則。「好學深思，心知其意，」是在善讀書者；謹誦馬遷之言以卒吾篇：

孟子第三

孟子七篇，序詩書，述仲尼。（史記孟子荀卿列傳）論語之言，無所不包；而其所以示人者，莫非操存涵養之要。七篇之指，無所不究；而其所以示人者，類多體驗擴充之功。（朱熹論孟精義自序）揆敍民物本之性善所以佐明六藝之文義，崇宣先聖之指務王制拂邪之檃括，立德立言之程式也！（趙岐孟子篇敍）練諷爲篇，發其指意。

【解題及隸經始末】　古之賢聖，有所造述，大都繫氏以子而爲題目；如漢書藝文志載儒家有晏子，曾子孟子；道家有鬻子，筦子，莊子，列子；法家有李子，申子，愼子，韓子之屬，是也。孟子者，蓋孟軻所作之書。孟氏也。（焦循孟子正義曰孟氏也如下云出自孟孫則與魯同姓後世姓氏不分氏亦通稱姓）子者，男子之通稱也。此書，孟子之所自作也，故總謂之孟子。論語是諸弟子記諸善言而成編集，故曰論語，而不號孔子；孟子是孟軻所自作之書，如荀子，故謂之孟子。（何異孫十一經問對）其書列於諸子，遭秦火得不焚滅。（趙岐孟子題辭曰孟子既沒之後大道遂絀逮至亡秦焚滅經術坑戮儒生孟子徒黨盡矣其書號爲諸子故篇籍得不泯滅則是秦人焚書不及諸子也論衡書解篇秦雖無道不燔諸子又正說篇秦用李斯之議燔燒五經與趙岐說合）漢書藝文志隋書經籍志舊唐書經籍志咸入儒家。唐文宗開成二年，國子學石刻十二經，亦有論語而無孟子，至宋仁宗嘉祐六年刻篆正二體石經，中有孟子。孟子隸經自此始！（按阮元孟子注疏校勘記引據各本目錄中有杭州府學宋高宗御書石經殘本不及嘉祐石經錢大昕十駕齋養新錄中有宋高宗書孟子一條亦不及嘉祐石經葉昌熾語石中有石經一則稱「宋嘉祐石經但有易詩書周禮禮記春秋左氏傳合孝經爲七」然讀何紹基東洲草堂詩集中有寄題丁儉卿新獲嘉祐二體石經册七言古一詩題下云「丁儉卿舍人凡新得宋嘉祐二體石經三百七十餘紙爲易書詩春秋禮記周易孟子七經玉海等書述汴石經不言有孟子表章亞聖自此刻始是足補史志之闕」則是孟子之有石經蓋斷自宋嘉祐始矣）然歐陽修撰唐書藝文志，仍以孟子入諸子儒家，一仍漢隋書志之舊，而不之改也！厥後，高宗南渡，御書石經，繩其祖武，不遺孟子，而陳振孫書錄解題乃以論孟同入經類，其說曰：「自韓文公稱『孔子傳之軻，軻死不得其傳；」天下學者咸曰孔孟。孟子之書，固非荀楊以降所可同日語也。」自是孟子乃翹然別出於諸子，而與論語幷崇爲經焉！

【孟子之作者】 說者不一：有以爲孟子自作者，漢儒相傳之古說也；有以爲弟子共記者，唐人後起然疑之說也。按孟子自作之說，由來已久，司馬遷史記孟子荀卿列傳稱「孟軻遊事齊宣王，宣王不能用，適梁，梁惠王不果所言，則見以爲迂遠而闊於事情；是以所如者不合！退而與萬章之徒序詩書，述仲尼之後，作孟子七篇。」此先漢古說，明云「七篇爲孟子自作」也。其後趙岐孟子題辭云：「孟子以儒道游於諸侯，莫能聽納其說，於是退而論集所與高弟弟子公孫丑萬章之徒，難疑答問，又自撰其法度之言，著書七篇。」應劭風俗通窮通篇云：「孟軻游於諸侯，所言皆以爲迂遠而闊於事情；退與萬章之徒，序詩書仲尼之意，作書中外十一篇，」皆以爲孟子所自撰，與史記同。至宋儒撰孟子正義引唐林愼思續孟子書二卷以爲：「孟子七篇，非軻自著，乃弟子共記其言。」韓愈答張籍書亦云「孟軻之書，非軻自著；軻旣沒，其徒萬章公孫丑相與記軻所言焉。」自是唐人乃有以爲「弟子共記，」而不出孟子之自撰者矣！然余讀林愼思續孟子序稱：「孟子書先自其徒記言而著，」其說亦與趙岐之稱「論集所與高弟弟子難疑答問」者無殊指；蓋弟子先撰記所聞，而孟子因論集其書也。朱子語類曰：「論語多門弟子所集，故言語時有長短不類處。孟子疑自著之書，故首尾文字一體，無些子瑕疵，不是自下手，安得如此！」然孟子集註序說引史記列傳，以爲孟子之書，孟子自作，韓子曰：「軻之書非自著，」謂史記近是。而滕文公首章道性善注，則曰「門人不能盡記其詞；」又第四章「決汝漢」注曰「記者之誤；」又若以爲弟子記，與韓愈如出一吻者，弟子以問？朱子答曰：「前說是後兩處失之！熟讀七篇，觀其筆勢，如鎔鑄而成，非綴緝所就也！」（王應麟困學紀聞）閻若璩孟子生卒年月考曰：「七篇爲孟子自作，韓昌黎故亂其說；然莫妙於朱子曰：「觀七篇筆勢如鎔鑄而成，非綴緝可說。」余亦有一證，論語成於門人之手，故記聖人容貌甚悉；七篇成於己手，故但記言語或出處耳！」此其駁韓愈之說是矣。顧余讀晁公武郡齋讀書志曰：「孟子所見諸侯皆稱謚，如齊宣王梁惠王襄王滕定公文公魯平公是也。夫死然後有謚。軻無恙時，所見諸侯，不應皆前死！且惠王元年至魯平公之卒，凡七十七年。軻始見惠王，目之曰叟，必已老矣，決不見平公之卒也！後人追爲之，明矣。」而若璩則從而爲之解曰：「卒後書爲門人所敍定，故諸侯王皆加謚焉；」則有當分別論者，何以言之？蓋書中有王而加謚者；曰梁惠王，梁襄王，齊宣王，先孟子而卒者也。有王而不謚者；事皆繫齊，疑曰「湣王」？後孟子而亡者也。至滕亡於孟子未卒之前，則孟子及見文公之死而稱其謚，亦無足怪！獨魯平公卒於孟子之後，鄒穆公無考；儻穆公之卒，亦如魯平之在孟子後？吾意孟子所記，必俱如湣王之公而不謚。厥後門人淆誤是懼，乃援滕文公之例，就其可知者，一體加謚以爲識別焉耳？（考證詳後）然則以時君之皆舉謚，而證孟子之非自作者，固未爲知言也！或者謂「書中於孟子門人多以子稱之，樂正子公都子屋廬子徐子陳子皆然，不稱子者無幾。果孟子所自著，恐未必自稱其門人皆曰子。」此又不然！按「魯平公將出」章，「樂正子入見。」趙歧注：「樂正，姓；子，通稱；孟子弟子也。」（梁惠王下）然則子者，自如趙岐所云「男子之通稱；」不必弟子之於師。公孫丑問曰：「夫子當路於齊。」孟子曰：「子誠齊人也。」此則孟子自稱其門人曰「子」之證一矣！孟子去齊，有欲爲王留行者，客自稱曰「弟子，」而應之曰「我明語子，」此則孟子自稱其門人曰「子」之證二矣！如此之類，難以悉數；何得以此證孟子之非自作哉！

【史記之孟子】按史記孔子世家敍生卒出處最悉；而孟子列傳闕焉勿詳！就其可考者言之：

六國表魏惠王三十五年大書曰：「孟子來，王問利國？對曰：『君不可言利。』」（梁惠王上孟子見梁惠王王曰叟章）此與十二諸侯年表魯定公十年大書「孔子相，」皆特筆，史公所矜重者！其見於魏世家者，曰：「三十五年，惠王數敗於軍旅，卑禮厚幣以招賢者。鄒衍淳于髡孟軻皆至梁。梁惠王曰：『寡人不佞，兵三折於外，太子虜，上將死，國以空虛，以羞先君宗廟社稷；寡人甚醜之！叟不遠千里，辱幸至敝邑之廷，將何以利吾國？』孟軻曰：『君不可以言利若是！夫君欲利，則大夫欲利；大夫欲利，則庶人欲利。上下爭利，國則危矣！爲人君仁義而已矣，何以利爲！』」年事與六國表同。是年齊宣王七年，周顯王三十三年，太史公因秦記，采世本戰國策，著所聞爲表，其年系當無大誤。既一年，惠王卒，子襄王立；（梁惠王上孟子見梁襄王）表亦與世家同。又十一年，而齊宣王卒，子湣王立。湣王立之六年，宋君偃爲王。（滕文公下萬章問曰「宋小國也」今將行王政章）是年魏襄王卒，子哀王立。又二年而燕王噲讓國於子之。又二年，當周赧王元年，魯平公始立；而噲及子之皆亂死。燕世家云：「子之南面行王事，而噲老不聽政，顧爲臣，國事皆決於子之。三年，國大亂，百姓恫恐。將軍市被與太子平謀，將攻子之，諸將謂齊湣王曰：『因而赴之，破燕必矣！』齊王因令人謂燕太子，太子因要黨聚衆，將軍市被圍公宮，攻子之，不克，將軍市被及百姓反攻太子平，將軍市被死以徇。因搆難數月，死者數萬，衆人恫恐，百姓離志。孟軻謂齊王曰：「今伐燕，此文武之時，不可失也！」王因令章子將五都之兵，以因北地之衆以伐燕。燕士卒不戰，城門不閉，燕君噲死，齊大勝，燕子之亡。」（梁惠王下「齊人伐燕」兩章，公孫丑下「沈同以其私問曰」章「燕人畔」章）年事與六國表同。又二年，爲楚懷王十七年，秦敗楚將屈丐；而楚世家：「懷王十六年，絕和於秦，發兵西攻秦，秦亦發兵擊之。」厥爲秦楚搆兵之始。（告子下「宋牼將之楚」章）此諸國事皆與孟子相涉者。自魏惠王三十五年至是，凡二十四年；當孟子初至梁，梁惠王謂之曰「叟」，度其年當長於惠王。惠王以魏文侯二十五年生，生三十而卽位，卽位三十五年，年六十五矣！孟子又長於惠王，其遊梁殆且七十也！（桐城吳汝綸孟子考證）史記孟子列傳稱「遊事齊宣王，宣王不能用，適梁，梁惠王不果所言」，則是適梁在遊齊之後；而孟子書先梁後齊者，此蓋篇章之次，而非遊歷之次也。趙岐注：「孟子冀得行道，故仕于齊，不用而去，乃適於梁。建篇先梁，欲以仁義爲首篇，因言魏事，章次相從，然後道齊也。」（見梁惠王上「齊宣王問曰齊桓晉文之事」章）其言可謂明且核矣！然史記「梁惠王不果所言」之後，別無下文；

而蘇轍古史列傳則曰：「先事齊宣王，後見梁惠襄，又事齊湣。」則是孟子見梁惠王之前，先游齊，見宣王；而孟子見梁襄王之後，復去齊仕湣王。茲以史記載伐燕一事，與孟子互證之，其言可信，蓋伐燕事在湣王十年也。荀子王霸篇謂：「齊閔北足敗燕」其以敗燕屬齊閔，與史記合。燕人畔，王曰：「吾甚慚於孟子」！（公孫丑下）王不稱謚，蓋謂湣王。湣王走死，在伐燕之後三十年，非孟子所及見。蓋孟子及見齊宣王梁惠王襄王之卒，故併稱謚；而不及湣王之死，故但稱王；可斷言也。然則梁惠王下齊人伐燕兩章之稱「宣王問曰，」「宣王曰；」蓋承前十章之「齊宣王問曰」「孟子謂齊宣王曰」而誤衍一「宣」字（朱子語類謂「湣王後來不好門人爲孟子諱改爲宣王」其言迂曲不可信）耳！「孟子爲卿于齊，出弔于滕，王使蓋大夫王驩爲輔行，」「孟子致爲臣而歸，王就見孟子，」（公孫丑下）凡不繫謚者，皆謂湣王。據史記六國表及田敬仲完世家，湣王六年，宋自立爲王；十年伐燕；三十八年，滅宋。而戰國策宋策載：「宋康王之時，有雀生鸇。史占曰：「小而生巨，必霸天下。」康王大喜，於是滅滕，伐薛，取淮北之地，乃愈自信！」是滕最早爲宋所滅，當在「宋自立爲王」之初；而滕文公問事齊事楚，問齊人築薛，尙不以宋爲患，則又遠在「宋自立爲王」之前，意者當在孟子游齊適梁之前耶？然則孟子及見滕文公之卒而稱其謚，殆可斷言！然滕於六國表無考。而六國表載魯平公元年，則當齊湣王十年伐燕之歲，而「孟子見梁惠王」之後二十二年也。明年，秦楚始搆兵，計其時孟子年當九十餘矣；而遇宋牼于石丘，折之曰「秦楚何說以利」（告子下「宋牼之楚」章）慨魯侯之不遇，解之曰「行止非人所能」；浩然之氣，老當益壯！其前後略可考信於史記者如此。惟司馬溫公作通鑑，乃舍史記不之信，而從竹書紀年，以魏襄王在位之十六年，歸之惠王為後改元；若曰：「紀年魏史，出汲冢，所書魏事，必得其眞，故從焉。」其後閻若璩作孟子生卒年月考，以折其說曰：「不然！紀年云：『惠成王九年四月甲寅，徙都大梁；』不知是年秦孝公甫立，衞公孫鞅未相，魏公子卬未虜，地不割，秦不逼，魏何遽徙都以避之耶？即一徙都如此！尚謂其生卒年月盡足信耶！此余之所以信史記以信孟子也！」溫公舍史記而信紀年，僨矣！至紀齊年，則又并無依據，奪湣益威，以伐燕歸之宣，以求合於孟子；於是齊梁二國年系并失，而孟子事始末無徵不信，末由考見矣！余故採桐城吳氏之說，本史遷傳信之記，疏通證明，折衷諸家，論世者儻有取焉！

【孟子之本子】考孟子書之最古者，當推西漢河間獻王本，漢書景十三王傳稱：「河間獻王修學好古，所得書皆古文先秦舊籍周官尚書禮禮記孟子老子之屬，」是也。然則孟子初本爲古文矣。惟未著篇數。漢書藝文志諸子略儒家孟子十一篇，應劭風俗通窮通篇云「作書中外十一篇，」是爲十一篇本；惟中外篇目不詳。趙岐孟子篇敍曰：「孟子七篇所以相次敍之意：孟子以爲聖王之盛，惟有堯舜，堯舜之道，仁義爲上；故梁惠王問利國，對以仁義爲首篇也。仁義根心，然後可以大行其政；故次之以公孫丑問管晏之政，答以曾西之羞也。政莫美於反古之道，滕文公樂反古；故次以文公爲世子，始有從善思禮之心也。奉禮之謂明，明莫甚於離婁；故次之以離婁之明也。明者當明其所行，行莫大於孝；故次以萬章問舜往於田號泣也。孝道之本，在於情性；故次以告子論情性也。情性在內而立於心，故次以盡心也。盡己之心，與天道通，道之極者也；是以終於盡心也。」至題辭稱「七篇二百六十一章，三萬四千六百八十五字。」「又有外書四篇：性善辨文說孝經爲政，其文不能宏深，不與內篇相似；似非孟子本眞，後世依放而記也。」然後知世所傳梁惠王公孫丑滕文公離婁萬章告子盡心七篇爲中；或曰內，餘性善辨文說孝經爲政四篇爲外也。惟趙岐刪其外篇，存其內篇，著孟子章句；是爲七篇本。自後傳孟子者，壹以趙岐章句七篇爲本；而外書以久廢闕致亡，其佚文稱引見於漢以前書者；荀子大略篇曰：「孟子三見宣王而不言事。門人曰：『曷爲三遇齊王而不言事？』孟子曰：『我先攻其邪心。』」韓詩外傳曰：「高子問於孟子曰：『夫嫁娶者，非己所自親也。衞女何以得編於詩也？』孟子曰：『有衞女之志則可；無衞女之志則怠。若伊尹於太甲，有伊尹之志則可；無伊尹之志則篡。夫道二常謂之經，變爲之權。懷其常道而挾其變權，乃得爲賢！夫衞女行中孝，慮中聖，權如之何！』」又曰：「孟子說齊宣王而不說，淳于髡侍。孟子曰：『今日說公之君，公之君不說；意者其未知善之爲善乎？』淳于髡曰：『夫子亦誠無善耳！昔者瓠巴鼓瑟而潛魚出聽，伯牙鼓琴而六馬仰秣。魚馬猶知善之爲善；而況君人者也！』孟子曰：『夫電雷之起也，破竹折木，震驚天下，而不能使聾者卒有聞；日月之明，偏照天下，而不能使盲者卒有見。今公之君若此也！』淳于髡曰：『不然！昔者揖封生高商，齊人好歌；杞梁之妻悲哭而人稱詠。夫聲無細而不聞，行無隱而不形。夫子苟賢，居魯而魯國之削，何也？』孟子曰：『不用賢，削何有也！呑舟之魚，不居潛澤；度量之士，不居汙世。夫藝，冬至必彫，吾亦時矣！』」董仲舒春秋繁露深察名號篇曰：「『性有善端，動之愛父母，善於禽獸，則謂之善。』此孟子之言。」史記淮南王安傳，伍被對淮南王安引孟子曰：「紂貴爲天子，死曾不若匹夫！」劉向說苑曰：

「孟子曰：『人皆以食愈飢，莫知以學愈愚！』」又曰：「孟子曰：『人知糞其田，莫知糞其心！糞田莫過利苗得粟，糞心易行而得其所欲。何謂糞心？博學多聞。何謂易行？一性止淫也。』」楊子法言修身篇曰：「孟子曰：『夫有意而不至者有之矣，未有無意而至者也！』」桓寬鹽鐵論引孟子曰：「吾於河廣知德之至也！」又引孟子曰：「堯舜之道，非遠人也而人不思之耳！」應劭風俗通正失篇引孟子曰：「堯舜不勝其美！桀紂不勝其惡！」梁武帝答臣下神滅論引孟子曰：「人之所知，不如人之所不知，信矣！」蕭子良與孔中丞書引孟子曰：「君王無好智。君王無好勇。勇智之過，生平禍患所遊；正當仁義爲本！」今七篇書皆無其文，豈所謂外書者耶？然趙岐疑其「依放而記」，不爲章句，則亦卑之無甚高論！惟漢儒註經，多明訓詁名物；而趙岐之注孟子，獨箋釋文句，乃似後世之口義，與漢學稍殊。然孔安國馬融鄭玄之注論語，今載於何晏集解者，體亦如是。蓋易書文皆最古，非通其訓詁，則不明；詩禮語皆徵實，非明其名物，亦不解。論語孟子，詞旨顯明，惟闡其義理而止；所謂「言各有當」也！（四庫提要孟子正義）則亦不必爲趙岐病矣！惟趙岐注孟子每章之末，括其大指，間作韻語，謂之章指；題辭所謂「章別其指」；文選注所引趙岐孟子章指，是也。南宋後，正義出，盡刪章指正文，仍剽掠其詁散入正義；明國子監刊十三經承用此本，后世遂不復見趙岐元本矣！考崇文總目載陸善經注孟子七卷，稱「善經刪去趙岐章指，與其注之繁重者，復爲七篇。」（見文獻通考）是刪去章指，始於善經，正義蓋用善經本也。（錢大昕十駕齋養新錄卷三）雖題「宋孫奭撰」字樣，而朱熹語類則謂：「邵武士人假託；蔡季通識其人。卷首載孫奭序一篇，全錄音義序，僅添三四語耳！其淺妄不學如此！」先是孫奭於宋真宗大中祥符間，奉敕校定趙岐註，因刊正唐張鎰孟子音義及丁公著孟子手音二書，兼引陸善經孟子註，成孟子音義二卷；就經文及注爲之音釋。書中所釋，稱「一遵趙注；」然亦時就章句有所證明，存其異同，與陸德明經典釋文略相似；蓋以補陸氏之闕，（陸德明經典釋文於羣經皆有音義，獨闕孟子）而匪以爲正義。至正義則憑肊立說，不惟背經背注，且與音義亦時覩攸違；豈有出奭一人之作而忽彼忽此者？以故不爲士林所重。朱熹融會諸家之說，撰孟子集註七卷，於義理時有發明，而訓詁章指則採趙注爲多。其可考見者，書中人名，惟盆成括告子不從趙注，學於孟子之說，季孫子叔疑不從二弟子之說，餘皆從之；書中字義，惟「折枝」訓「按摩」之類不取趙註，餘亦多取之。蓋趙注雖不及後來之精密，而開闢荒蕪，俾後來者得循途而深造，其功要不可泯也。

清儒治經，邁冠往古！阮元仿宋板十三經重刻於豫章，而孟子之趙氏章指，遂復繫於章末之舊；焦循因之，撰孟子正義十四卷，薈萃清儒顧炎武以下六十餘家之說，疏明趙註；儻趙氏之說，或有然疑，不惜駁破以衷一是；至諸家或申趙義，或與趙殊，或專翼孟，或雜它經，兼存備錄，以俟參考。可謂孟子之忠臣，趙注之諍友矣！然孟子今本有卒不能復趙岐之舊者！趙岐題辭謂「七篇二百六十一章，三萬四千六百八十五字。」今按孫奭音義標梁惠王上七章，下十六章；公孫丑上九章，下十四章；滕文公上五章，下十章；離婁上二十八章，下三十二章；萬章上九章，下七章；告子上二十章，下十六章；盡心上四十七章，下三十九章，共爲二百五十九章：而以章指計之，盡心下篇止得三十八章，則共爲二百五十八章，較題辭所云少三章。又梁惠王共五千二百六十四字，公孫丑共五千一百四十二字，滕文公共四千九百八十字，離婁共四千七百八十九字，萬章共五千一百五十四字，告子共五千二百二十三字，盡心共四千六百七十四字，七篇共三萬五千二百二十六字，較題辭所云多五百四十一字。則是今本孟子之字多而章少，有不同於趙岐者也！然舊書古簡，脫漏居多，唐宋後之本，應減於漢，否亦不能加多。今玆賸字，得毋有後人所羼入者乎？

【孟子之讀法】 讀法一如論語，每次作一意求之；虛心涵泳，切己體察，久而久之，必自有會。姑以鄙意，擬爲讀法：

第一明其立言 孟子曰：「我知言，」然則讀孟子之書，何可不知孟子之言！孟子一書，游文六藝之中，留意詩書之際，敦教化，明人倫，此與論語同者也。然而有不同者；論語氣平，孟子氣激。論語辭約而意盡，孟子氣盛而言宣。論語之發語用噫，孟子之發語用惡。論語正言莊論，多法語之言；孟子比物託興，多巽與之辭。論語短章多，長章少；惟子路曾晳冉有公西華四子侍坐言志，季氏將伐顓臾兩章最長。孟子長章多，短章少；惟「人有不爲也而後可以有爲。」前後數章最短。此修辭之不同也。論語祇言性，而孟子直道性善。論語祇言仁，而孟子兼明仁義。論語祇言志，而孟子深論養氣。此樹義之不同也。孔子之稱弟子以名，孟子之稱弟子曰子。孔子弟子自稱名，孟子弟子如萬章咸丘蒙有自稱吾者。孔子弟子稱孔子曰子，孟子弟子稱孟子曰夫子。孔子弟子，問仁者七，問孝者三，問政者六；而孟子弟子所問皆不及此，此酬對之不同也。至衡政持論，詳於法制，體國經野，具有規模；則與論語又有不同者！蓋論語之論政也，祖述堯舜，憲章文武，尙王而未言制；而孟子則明王道而言制之所宜。治地莫善於助，仁政必始經界，班爵制祿，敷言秩如；蓋論語二十篇之所未有，徒以井田封建，所言殊於周禮，知於古未必有徵；特孟子託古改制之烏託邦爾。

第二篇　其性理　「孟子道性善，」「孟子道性善」世人之所知也；而孟子之所以道性善者，則或世人之所未知。其一「孟子道性善」之方法。「孟子道性善」之方法有二：一以「故」言性。孟子曰：「天下之言性也，則故而已矣」（離婁下）朱熹注：「性者，人物所得以生之理也；故者，其已然之迹，若所謂『天下之故』者也。言事物之理，雖若無形而難知；然其發見之已然，則必有迹而易見。故天下之言性者，但言其故而理自明，猶所謂『善言天者必有驗於人』也。」此孟子以「故」言性之說也；（此其說可以法蘭西學者古愷（Coucin 一七九二——一八六七）之論心理學明之古氏以爲「哲學必自事實始此事實乃供給哲學以入思辨之境涯之機會者也心理學不過爲入形而上學之橋梁形而上學乃最優之科學也科學之科學也科學之對象爲實體乃至不變化永久之實在也而其研究之方法則依觀察而觀察之工夫則不能有何等之科學故可謂吾人乃觀察精神之事實而窮究其所以嶄到達絕對之原理心理學之方法乃充此職役者也易言以明之卽以後天之方法得認先天之原理者也」語見北京大學出版西洋倫理學史〕「孺子入井，」（公孫丑上「人皆有不忍人之心」章）「敬兄敬鄉人，」（告子上「孟季子問公都子曰」章）皆孟子之所謂「故」也。二以「情」證性。孟子好以「惻隱」「羞惡」「辭讓」「是非」四端言性，皆「情」也；「情」之爲言，「性之感」也。荀子正名篇曰：「生之所以然者謂之性，性之好惡喜怒哀樂謂之情。」論衡初稟篇曰：「情接於物而然者也。」蓋「生之謂性；」而「情」則性之發。「性」不可見而「情」可見，故以情證性也。此孟子道性善之方法也。其二孟子道性善之界說。孟子道性善，祇限於人而物非所論。其告子「杞柳桮棬」一章，論人性之不同於植物；「生之謂性」一章，論人性之不同於動物；「性猶湍水」一章，論人性之不同於無生物，故嘗見意於「人之所以異於禽獸」一章曰：「明於庶物，察於人倫。」蓋人之性善，而物之性不必皆善；人之性可率，而物之性不必可率。此孟子之所爲「明」所謂「察」不可不察也。其它曰「存心」，所以繼性之善也。易繫辭傳曰：「繼之者善也，存之者性也。」而孟子則曰：「君子之所以異於人者，以其存心也。君子以仁存心，以禮存心。」（離婁下）「苟得其養，無物不長；苟失其養，無物不消。孔子曰：『操則存，舍則亡，出入無時，莫知其鄉，』惟心之謂歟？」（告子下）曰「養氣，」所以涵情之發也。雖然，孟子之所謂「氣」者，何也？曰「情之衝動」是也。（公孫丑上「氣體之充也」趙岐注「氣所以充滿形體爲喜怒也」）情之爲言，性之感也。德之哲家康德曰：「世界無制限純粹之善，惟具『善意志』而已。『何謂善意志？』曰：『爲理性之故而從理性之意志，是已。爲義務之故而行義務之意志是已。此乃不爲感情所驅使，而率由理性之命令之意志也，非可由感情欲望而決定者也。儻以悲憫之情，而爲施予之慈，是則情感之驅迫而然，不得爲道德之行爲也！必絕情祛欲而后可以言道德。』」則是謂情感與理性不相容也。夫人之激發於情感，幷心一決，固有莫之爲而爲，沛然莫之能禦者，故曰「其爲氣也，至大至剛！」使不「配義與道」人欲之橫流，厥禍有酷於洪水！雖然，孟子不云乎「以直養而無害，則塞乎天地之間！」則是理性可以養感性也。又曰「其爲氣也，配義與道，無是，餒也。」則是感性可以配理性也。（公孫丑上「夫子加齊之卿相」章）是理性與情感非不相容也。孟子曰：「乃若其情，則可以爲善矣；乃所謂善也。」情之善，徵於情之發；而康德則以情爲不善，非絕情祛欲，不足以言道德。清儒戴震有言曰：

「後儒不知情之至於纖悉無憾，是謂理」；（戴東原集與某書）其康德之謂乎！戴震又曰：「君子之治天下也，使人人各得其情各遂其欲，而天下治。君子之自治也情與欲，使一於道義。」（孟子字義疏證）孟子「集義」之功，「情與欲使一於道義」而已。要之「浩然之氣」之爲「至大至剛」，此盡人之所同而「配義與道」之「以直養」，則孟子之所獨矣！余故特表而出之。

第三考其辨諸子　孟子好辨而辨諸子之見孟子書者：有爲神農之言者許行。（滕文公上）有墨者夷之，（滕文公上）宋牼。（告子下　按莊子天下篇云「墨子眞天下之好宋鈃尹文子聞其風而悅之作爲華山之冠以自表見侮不辱救民之鬬禁攻寢兵救世之戰以此周行天下上說下教雖天下不取強聒而不舍者也」）有爲縱橫之術者景春。（滕文公下「趙岐注景春孟子時人爲縱橫之術者」）有史記滑稽列傳之淳于髡曰：（離婁上告子下）有史記貨殖列傳之白圭曰：（告子下）乘間抵巇，辭氣鏗訇，此其指名者也！其不指名者，陳澧東塾讀書記曰：孟子「距楊墨，」（滕文公下）楊朱，老子弟子，距楊朱，卽距道家矣！「善戰者服上刑，連諸侯者次之，辟草萊任土地者次之。」（離婁上）朱注以爲「孫臏吳起蘇秦張儀李悝商鞅之類，」則兵家縱橫家農家皆距之矣！「省刑罰，」（梁惠王上）可以距法家。「生之謂性也，猶白之謂白歟？」（告子上）可以距名家。「天時不如地利，」（公孫丑下）可以距陰陽家。「夫道一而已矣，」可以距雜家。「齊東野人之語，非君子之言，」（萬章上）可以距小說家而距兵家爲甚！其可考見者，如公孫丑上「天時不如地利」章，離婁上「求也爲季氏宰」章，告子上「魯欲使愼子爲將軍」章，盡心下「不仁哉梁惠王」章，「春秋無義戰」章，「盡信書不如無書。」「有人曰我善爲陣」章，皆距兵家言也！一縱一橫，論者莫當，此亦論語之所罕見！蓋孔子以攻異端爲害，而孟子以闢異端自任；此孟子之所爲不同於孔子。而楊墨者，尤孟子之所力距！然孟子之言仁義，蓋卽兼權楊墨之說，何者？「義」从我羊，誼取「善我」；非卽「楊氏爲我」之指乎？「仁」从人二，訓爲「人偶」；非卽「墨子兼愛」之義乎？蓋孟子之所爲「距楊墨」者，惡其「執一」也。「所惡執一者，爲其賊道也，舉一而廢百也。」（盡心上）然則自孟子之言推之：「仁」而不制「義」，則舍己而以狥人，人情之所難能也！（按莊子天下篇曰「墨子其生也勤，其死也薄，其道大觳，使人憂使人悲其行難爲也恐其不可以爲聖人之道反天下之心天下不堪墨子雖獨能任奈天下何」）徒「義」而不體「仁」，則背羣而私利己，人道或幾乎息矣。徒「義」而不體「仁」者，楊氏之「爲我」也！徒「仁」而不制「義」者，墨子之「兼愛」也！爲蔽不同，「執一」則鈞！孟子「執中」，故交譏焉。特是孟子言仁義，而距楊墨者，謂其「充塞仁義」也。然老莊絕仁棄義，而孟子不置一辭者，何哉？於戲！孟子不云乎：「仁也者人也，合而言之道也。」（盡心下）朱熹集注：「外國本『人也』之下，有『義也者宜也，禮也者履也，智也者知也，信也者實也。』凡二十字。今按如此，則理極分明。」而王弼老子注曰「仁義禮知不能獨用，必資道以用之」與孟子如出一吻。蓋道德者，仁義禮之大全；而仁義者，道之一端。老莊之學，抱一而體玄，故以道爲本；孔孟之教，明體而達用，故以仁義爲言，而要其歸曰「志於道」。此孔子之所以竊比老彭，而孟子之於老莊所爲存而不論也歟？

右論三事，聊當舉隅；雖指要或有未盡，而宏綱亦庶無遺，引端竟委，俟諸異日！

中庸第四

中庸之書，所以開大原立大本；（王柏古中庸跋）蓋聖學之淵源，入德之大方也！（楊時中庸解序）卒爲是篇以原聖學。

【解題及隸四書始末】 中庸，本禮記四十九篇之第三十一；然單篇別出，由來已久。漢書藝文志有中庸說二篇。隋書經籍志有宋散騎常侍戴顒禮記中庸傳二卷，梁武帝中庸講疏一卷，私記制旨中庸義五卷。宋仁宗書中庸賜王堯臣。張載以無所不學，當康定用兵時，上書謁范仲淹言兵事，仲淹曰：「名教中自有樂地。」因勸讀中庸。則表章不始二程。朱熹得二程之學，乃以配大學，併論語孟子稱爲四書，語詳大學篇。而謂之中庸者，詁訓不一。鄭玄目錄云：「名曰中庸者，以其記中和之爲用也；庸，用也。」（禮記正義引）此一說也。程頤曰：「不偏之謂中，不易之謂庸。中者天下之正道，庸者天下之定理。」（楊時中庸解自序）此又一說也。頤爲中庸作解，自以不滿其意而焚棄焉；遂以屬門人郭忠孝，忠孝中庸說謂「中爲人道之大，以之用於天下國家。」又云：「極天下至正謂之中，通天下至變謂之庸。」（朱彝尊經義考引黎立武說）蓋中之訓，本諸師說；而庸之誼，兼采鄭玄，折衷二家之間。此又一說也。朱熹曰「中者，不偏不倚無過不及之名。庸，平常也。」（中庸章句）此又一說也。其中程頤之解，宋學所宗；雖異鄭玄，而古訓是式，於誼爲長，朱熹本之而加精密。「不偏不倚，無過不及」所以爲「天下之正道」；（書洪範疏凡行不迂僻則謂之中儀禮聘禮每門每曲揖注門中門之正也論語子張允執厥中皇疏中謂中正之道也孟子離婁下章指履其正者乃可爲中後漢書陳寵傳注中正也則是中古訓正也）平平常常，無易攸常，所以爲「天下之定理」。爾雅釋詁：「庸，常也。」（易文言傳庸言庸行九家注孟子告子上庸敬在兄注荀子不苟篇庸言必信之庸行必愼之注皆曰庸常也周禮大司樂中和祗庸孝友注庸有常也莊子德充符其與庸亦遠矣釋文庸常人也則是庸古訓常也）韓非解老曰：「物之一存一亡，乍死乍生，初盛而後衰者，不可謂常；唯夫與天地之剖判也俱生，至天地之消散也不死不衰者，謂常而常者無攸易」。故曰「不易之謂庸」。然則中庸者，至正而不可踰，尋常而無攸易。至正而不可踰，故不違道以干譽；尋常而無攸易，寧用諱衆以取寵。學者所以進德之要，本末俱備矣！

【中庸之作者】　按史記孔子世家曰：「子思作中庸。」鄭玄目錄云：「孔子之孫子思伋作之，以昭明聖祖之德。」（禮記正義引）孔叢子云出依託，然見隋書經籍志著錄，多存漢魏舊說，亦稱中庸爲子思所撰。則「子思作中庸，」乃漢以前相傳舊說，疑可信也？惟孔鮒謂「子思年十六作中庸。」而宋翔鳳過庭錄，乃據孔子世家以辨之曰：「孔子世家云：『伯魚年五十，先孔子死。伯魚生伋，字子思，年六十二，嘗困於宋，作中庸。』鄭康成說：『顏淵死，伯魚尚未葬，』則亦卒於魯哀十三年，蓋遺腹生子思，在十四年，年甚幼，不及事孔子；故孔子之喪，皆門人所治，以子思在繈葆也。知子思年六十二，當威烈王六年，是年困於宋，作中庸。中庸爲繼聖明道之書，故以年著之，與上文敍孔子大事，必著年若干同例。六十二，非卒年也。子思卒年不書，史失之。又十三年，當威烈王十九年，爲魯繆公元年，子思年七十五，穆公亟見子思，尊禮之。果子思年六十二，安得至穆公時，孟子之言，反爲失實矣！」其言甚辯以覈！然宋氏引孟子以證史公紀年之或有誤則可；而遷就依違則不可！今按世家上下文讀之；曰：「伯魚年五十，先孔子死。」曰：「子思生白，字子上，年四十七。」曰「子上生求，字子家，年四十五。」則「年六十二」者，史公自敘子思卒年，非作中庸之年也。至謂中庸爲子思困於宋而作，亦採孔叢而非史公之意，史公書曰「嘗困於宋子思作中庸」；特提子思，玩語氣別是一事；非如過庭錄所引「嘗困於宋，作中庸，」脫去「子思」二字。獨孔叢敘「子思年十六適宋，宋大夫樂朔與之言學焉。朔曰：『尙書虞夏數四篇，善！下此以訖秦費，效堯舜之言耳，殊不如也！』子思答曰：『事變有極，正自當耳！假令周公堯舜不更時異處，其書同矣！』樂朔曰：『凡書之作，欲以喻民也，簡易爲上，而乃故作難知之辭，不亦繁乎！』子思曰：『書之意兼復深奧，訓詁成義，古人所以爲典雅也！』曰：『昔魯委巷，亦有似君之言者！』伋答之曰：『道爲知者傳，苟非其人，道不傳矣！今君何似之甚也！』樂朔不說而退，曰：『孺子辱吾！』其徒曰：『魯雖以宋爲舊，然世有讎焉；請攻之！』遂圍子思。宋君聞之，不待駕而救子思。子思既免，曰：『文王困於羑里，作周易；祖君屈於陳蔡，作春秋。吾困於宋，可無作乎！』於是譔中庸之書四十九篇」此宋氏說之所本也；獨不采其「年十六」之說耳。而史公書則於「困於宋」曰「嘗」，於「作中庸」曰「子思，」而以補敘於「年六十二」之後；則不知其爲「年十六」歟？爲非「年十六」歟？敘其事而不繫之年，信以傳信，疑以傳疑，春秋之志也！昔堯之命舜曰：「允執厥中，」舜用中於民而亦以命禹；蓋中庸之義所由本。而王應麟困學紀聞則謂；孔子曰：「國家有道，其言足以治國家無道，其默足以容。」（原注大戴禮家語）曾子曰：「孝子之事親也居易以俟命，不與險行以僥倖。」（按見大戴記曾子曰孝篇）中庸之言本此，然後知朱熹序章句謂「子思推本堯舜以來相傳之意，質以平日所聞父師之言，更互演繹，作爲此書；」其言爲信而有徵也！或謂「中庸是漢儒所撰，非子思作也。其隙罅有無心而發露者！孔孟皆山東人，故論事就眼前指點。孔子曰：『曾謂泰山不如林放；』曰：『泰山其頹；』孟子曰：『登泰山而小天下；』『挾泰山以超北海；』就所居之地，指所有之山，人之情也！漢都長安，華山在焉。中庸引山稱『華嶽而不重，』明明是長安之人引長安之山，此僞託子思之明驗。」（葉酉再與袁隨園書）或又謂：「中庸釋文一本『載山嶽而不重；』今云：『載華嶽而不重。』爾雅釋山云：『河南華，河西嶽；』不是子思之文，當是西漢博士所改也。」（兪正燮癸巳存稿二）此亦足以備異聞，資考論焉。

【中庸之本子】　按漢書藝文志，中庸說二篇，隋書經籍志，有宋散騎常侍戴顒禮記中庸傳二卷，疑古中庸有二篇本而傳說者遂依分篇卷？猶漢書藝文志著錄易上下經，遂有易傳周氏服氏楊氏蔡公韓氏王氏皆二篇；論語魯二十篇，遂有魯王駿說亦二十篇。今云：中庸說二篇，知必有一本中庸二篇也。戴顒爲傳二卷，疑尙見二篇本矣！今按禮記中庸第三十一，而注疏分兩卷，爲卷第五十二，爲卷第五十三；豈即古二篇之舊耶！孔叢稱中庸之書四十九篇，則是中庸有四十九篇本也。而在禮記中者一篇；不知其四十九篇之要刪歟？抑合倂四十九篇而爲一篇歟？朱熹爲章句，因其一篇者，分爲三十三章，遂大行於世；其後王柏因朱熹章句訂古中庸二卷，以第一章至第二十章爲上篇，以第二十一章至三十三章爲下篇，纏析爲二；自以爲復中庸二篇之古；而章句不改朱熹也。然朱熹訂大學錯簡，而中庸不言；其後亦有訂中庸錯簡，而別爲定本者：就所覩記，則有明楊守陳撰中庸私抄一卷，管志道撰中庸訂釋二卷，周從龍撰中庸發覆編一卷，凡三家四卷，書軼不見，緒論僅存！（見朱彝尊經義考）楊氏「謂中庸之言，若散而無統，亂而無倫，但由簡之有錯耳！既移正其簡，又欲更定其章，則文義皆已連屬，更無少斷；然後知大學之章可分，而中庸難以章分也。」（楊守陳中庸私抄自序）遂以意之所欲正，別寫爲本，而取朱熹章句分抄其下焉。此訂其錯簡而以爲不可分章者，楊氏之書也。管氏自幼讀朱熹章句，即疑哀公問政章「禮所生也」之下，有「在下位」三句而遺全文；據朱熹述鄭氏之解曰：「此句在下，誤重在此」；夫何以辨下文之非錯簡；而此處之非闕文也？又考家語：子曰三近之上有僞撰「寡人實固不足以成之」三語，則又疑章句中豈無誤混孔氏祖孫言語，而強爲分章之處？因先訂此章；其他章句，亦有分其合而合其分者，（管志道中庸訂釋自序）凡爲三十五章。此訂其錯簡，而別自分章與朱熹不同者，管氏之書也。周氏之書，則以武周達孝繼述二條，次於作述之下，纘緒之上；「故君子不可以不修身」一條，次於在下位一條之下天道人道之上。雖其中與傳注不同者什九，而自謂以中庸解中庸；其稱發覆者，從前所覆者自今發之，周氏所自命也。（陳懿典中庸發覆編序）此亦別出於朱熹之章句，而自成一書者也。惟是朱熹章句，不從鄭玄而精密遠勝，涵詠義理，舍之何求焉！

【中庸之讀法】　昔程頤稱：中庸之書，始言一理，中散爲萬事，末復合爲一理。放之則彌六合，卷之則退藏於密。其味無窮，而望善讀者之玩索而有得焉！（朱熹中庸章句引）粗擬讀法，以當啓蒙。

第一明其宗旨　中庸者，盡性之書也。（王漸逵中庸義略自序）其書始言一理者，天命之性也。中散為萬事者，率性之道也。末復合為一理者，修道之教也。（張洪中庸講義自序）首之以天命性之原也。自天而推之人則曰「率性之謂道」；自人而復乎天，則曰「修道之謂教。」（湛若水中庸測自序）教者，所以復其性而已。故於篇末，又從下學立心之始言之，推而至於「上天之載，無聲無臭」則人未始不為天，天未始不為人；天人相與之故，中庸之道極矣！（張洪中庸講義自序。）

第二　聚其篇章　中庸篇章，各家不同。就所覩記，禮記正義分全篇為兩卷三十六節；其後宋儒晁說之撰中庸傳一卷，支分節解，凡八十二節：天命之謂性（節）率性之謂道（節）修道之謂教（節）。道也者（至）非道也（節）。是故君子（至）不聞（節）。莫見乎隱（至）慎其獨也（節）。喜怒哀樂之未發謂之中（節）。發而皆中節謂之和（節）。中也者（至）達道也（節）。致中和（至）育焉（節）。仲尼曰（至）忌憚也（節）。子曰中庸（至）久矣（節）。子曰道之（至）行矣夫（節）。子曰舜其（至）舜乎（節）。子曰人皆（至）守也（節）。子曰回之（至）失之矣（節）。子曰天下（至）能也（節）。子路問強（至）強哉矯（節）。子曰素隱（至）費而隱（節）。夫婦之愚（至）不能焉（節）。天地之大（至）破焉

（節）。詩云鳶飛（至）察乎天地（節）。子曰道不（至）勿施於人（節）。君子之道四（至）先施之未能也（節）。庸德之行（至）慥慥爾（節）。君子素（至）自得焉（節）。在上位（至）徼幸（節）。子曰射有（至）自卑（節）。子曰妻子（至）順矣乎（節）。子曰鬼神（至）如此夫（節）。子曰舜其（至）其壽（節）。故天之（至）覆之（節）。詩曰嘉樂（至）必受命（節）。子曰無憂（至）子述之（節）。武王纘（至）保之（節）。武王末（至）一也（節）。子曰武王（至）至也（節）。郊社（至）掌乎（節）。哀公問政（至）禮所生也（節）。在下位（至）治矣（節）。故君子（至）知天（節）。天下之達（至）一也（節）。或生而（至）一也（節）。或安而（至）一也（節）。子曰好學（至）國家矣（節）。凡爲天下（至）所以懷諸侯也（節）。凡爲天下（至）不窮（節）。在下位（至）身矣（節）。誠者天之（至）人之道也（節）。誠者不勉（至）聖人也（節）。誠之者（至）必強（節）。自誠明（至）明則誠矣（節）。唯天下至誠（至）參天（節）。其次（至）能化（節）。至誠（至）如神（節）。誠者自誠（至）道也（節）。誠者物之（至）爲貴（節）。誠者非自（至）宜也（節）。故至誠（至）不測（節）。天地之道博也（至）純亦不已（節）。大哉聖人（至）凝焉（節）。故君子尊（至）崇禮（節）。是故居上（至）之謂與（節）。子曰愚而（至）其身者也（節）。非天子（至）亦不作禮樂焉（節）。子曰吾說（至）寡過矣乎（節）。上焉者（至）弗從（節）。故君子之道（至）知人也（節）。是故君子（至）天下者也（節）。仲尼（至）大也（節）。唯天下至聖（至）配天（節）。唯天下至誠（至）之化育（節）。夫焉有（至）能知之（節）。詩曰衣錦（至）日亡（節）。君子之道（至）入德矣（節）。詩云潛雖（至）於志（節）。君子之所（至）屋漏（節）。故君子不動（至）有爭（節）。是故君子不賞（至）刑之（節）。是故君子篤恭而天下平（節）。詩云予懷（至）末也（節）。詩曰德輶（至）至矣（節）。最細瑣矣！朱熹章句則分爲三十三章，而復截爲三大段，以爲：「首章，子思推本所傳之意以立言，蓋一篇之體要；其下十章，則引先聖之言以明之也；至十二章，又子思之言；其下八章，復引先聖之言明之；二十一章以下至於卒章，則又皆子思之言，反復推明以盡所傳之意者也。」（朱熹書中庸後）大抵自第六章至十一章，則連之以知仁勇；自十二章至二十章，則連之以費隱；自二十一章至三十二章，則連之以天道人道。王柏訂古中庸，因熹章句，析爲二篇：上篇自第一章至第二十章，以「中庸」爲綱領；其下諸章，推言智仁勇，皆以明「中庸」之義也。下篇自第二十一章至卒章，以「誠」「明」爲綱領；其後諸章，詳言天道人道，皆以著「誠」「明」之道也。黎立武撰中庸分章一卷，則自「天命之謂性」至「萬物育焉」爲第一章。（禮記正義第一節朱熹章句第一章）「仲尼曰」至「惟聖者能之」爲第二章。（禮記正義第二節第三節第四節第五節第六節第七節朱熹章句第二章第三章第四章第五章第六章第七章第八章第九章第十章第十一章）「君子之道費而隱」至「察乎天地」爲第三章。（禮記正義第七節朱熹章句第十二章）「子曰道不遠人」至「君子胡不慥慥爾」爲第四章。（禮記正義第八節朱熹章句第十三章）「君子素其位而行」至「反求諸其身」爲第五章。（禮記正義第八節第九節朱熹章句第十四章）「君子之道」至「父母其順矣乎」爲第六章。（禮記正義第九節第十節朱熹章句第十五章）「子曰鬼神之爲德」至「治國其如示諸掌乎」爲第七章。（禮記正義第十一節第十二節第十三節第十四節朱熹章句第十六章第十七章第十八章第十九章）「哀公問政」至「不誠乎身矣」爲第八章。（禮記正義第十五節第十六節第十七節第十八節第十九節第二十節第二十一節朱熹章句第二十章）「誠者天之道也」至「明則誠矣」爲第九章。（禮記正義第二十二節第二十三節第二十四節朱熹章句第二十章第二十一章）「唯天下至誠」至「故至誠如神」爲第十章。（禮記正義第二十五節第二十六節第二十七節朱熹章句第二十二章第二十三章第二十四章）「誠者自成也」至「純亦不已」爲第十一章。（禮記正義第二十八節第二十九節朱熹章句第二十五章第二十六章）「大哉聖人之道」至「蚤有譽於天下者也」爲第十二章。（禮記正義第三十節第三十一節第三十二節第三十三節第三十四節朱熹章句第二十七章第二十八章第二十九章）「仲尼祖述堯舜」至「天地之所以爲大也」爲第十三章。（禮記正義第三十五節朱熹章句第三十章）「唯天下至聖」至「其孰能知之」爲第十四章。（禮記正義第三十五節朱熹章句第三十一章第三十二章」「詩曰衣錦尙絅」至「無聲無臭至矣」爲第十五章。（禮記正義第三十五節第三十六節朱熹章句第三十三章）凡十五章。明管志道中庸訂釋，大致本朱熹章句而稍變通之：以「人莫不飲食也」一節合「子曰道其不行矣夫」爲一章。析「子曰無憂者」一節爲一章。自武王纘太王王季文王之緒」至「孝之至也」爲一章。以「郊社之禮」一節自爲一章。自「哀公問政」至「禮所生也」接「在下位」一節，然後接以「故君子不可以修身」一節爲一章。自「天下之達道五」

至「則知所以治天下國家矣」爲一章。自「凡爲天下有九經」至「道前定則不窮」爲一章。自「誠者天之道也」至「明則誠矣」爲一章。（黎立武中庸分章第九章」自「唯天下至誠」至「唯天下至誠爲能化」爲一章。自「誠者自成也」至「無爲而成」爲一章。自「天地之道可一言而盡也」至「純亦不已」爲一章。自「子曰愚而好自用」至「亦不敢作禮樂焉」爲一章。自「子曰吾說夏禮」至「蚤有譽於天下者也」爲一章。自「唯天下至誠」至末爲一章。謂通篇末有徑以「詩云」作章首者，故訂之云；凡三十五章。清李光地撰中庸章段一卷，則分爲一十二章，特聯屬其文：「天命之謂性」至「萬物育焉」爲第一章。（禮記正義第一節朱熹章句第一章）「仲尼曰君子中庸」至「民鮮能久矣」爲第二章。（禮記正義第二節朱熹章句第二章第三章）「子曰道之不行也」至「強哉矯」爲第三章。（禮記正義第二節第三節第四節第五節第六節朱熹章句第四章第五章第六章第七章第八章第九章第十章）「子曰素隱行怪」至「誠之不可掩如此夫」爲第四章。（禮記正義第七節第八節第九節第十節第十一節朱熹章句第十一章第十二章第十三章第十四章第十五章第十六章）「子曰舜其大孝也歟」

至「其如視諸掌乎」爲第五章。（禮記正義第十二節第十三節第十四節朱熹章句第十七章第十八章第十九章）「哀公問政」至「雖柔必強」爲第六章。（禮記正義第十五節第十六節第十七節第十八節第十九節第二十節第二十一節第二十二節第二十三節朱熹章句第二十章）「自誠明」至「明則誠矣」爲第七章。（禮記正義第二十四節朱熹章句第二十一章）「惟天下至誠爲能盡其性」至「純亦不已」爲第八章。（禮記正義第二十五節第二十六節第二十七節第二十八節第二十九節朱熹章句第二十二章第二十三章第二十四章第二十五章第二十六章）「大哉聖人之道」至「此天地之所以爲大也」爲第九章。（禮記正義第三十節第三十一節第三十二節第三十三節第三十四節第三十五節朱熹章句第二十七章第二十八章第二十九章第三十章」「唯天下至聖」至「故曰配天」爲第十章。（禮記正義第三十五節朱熹章句第三十一章）「唯天下至誠爲能經綸天下之大經」至「其孰能知之」爲第十一章。（禮記正義第三十五節朱熹章句第三十二章）「詩曰衣錦尙絅」至「至矣」爲第十二章。（禮記正義第三十五節第三十六節朱熹章句第三十三章）諸家之中，莫多於晁說之；莫少於李光地。而要之章分太碎，意欠融貫，爲蔽一也。今依正義，分爲兩篇：「治國其如示諸掌乎」以上爲上篇，「哀公問政」以下爲下篇。上篇四章：首「天命之謂性」至「萬物育焉」，題曰原道；乃論道之大原出於天，爲第一章。自仲尼曰「君子中庸」至「君子依乎中庸，遯世不見知而不悔，惟聖者能之，」題曰中庸；言中庸之不可能而可勉也，爲第二章。自「君子之道費而隱」至「小人行險以徼幸，」題曰衡庸；言道不遠人之所以爲庸也，爲第三章。自「子曰射有似乎君子，」至「治國其如示諸掌乎，」題曰推庸；言反求諸身以推之大孝達孝，而明庸之爲道，可大可久也，爲第四章。下篇三章：自「哀公問政」至「不誠乎身矣，」題曰修身；言五達道三達德九經而一本諸修身，爲第一章。自「誠者天之道也」至「純亦不已，」題曰衡誠；承上修身而言「誠者自成也」，爲第二章。自「大哉聖人之道」至「無聲無臭至矣，」題曰歎聖；乃子思昭明聖祖之德，而舉仲尼以爲人道之極則也，爲第三章。大抵上篇言「率性之謂道，」下篇言「修道之謂教。」上篇以中庸兩字提綱，從「中和」引到「中庸。」知愚賢不肖，失乎「中」者也；故以「執其兩端，用其中於民」爲「過」「不及」說法。「素隱行怪，」悖乎「庸」者也；故以「道不遠人」「反求諸其身，」爲「隱」「怪」砭規。而終以「父母其順」推極言之，以稱大孝達孝，德博而化，壹本於庸言之信，庸行之謹也。下篇以「誠」字提綱，論天下五達道，國家九經，無不推本於「誠身」；似是上篇「道不遠人，」「反求諸其身」之指。而誠身之人有兩等：一則「自誠明」「天下至誠，」「天下至聖，」是也。一則「自明誠；」「擇善而固執之，」「其次致曲，」是也。而要其歸於「無聲無臭，」與上篇篇首「不聞不覩」義相發。然中庸一書，本是脉絡貫聯，而漢人輒於其中妄加「子曰」字，遂致截斷文理，多生枝節。兪樾嘗切論之，大指以爲：子曰「中庸其至矣乎！民鮮能久矣！道之不行也，我知之矣！知者過之，愚者不及也！道之不明也，我知之矣！賢者過之，不肖者不及也！人莫不飲食也，鮮能知味也！道其不行矣夫！」此數語本一氣貫注，「民鮮能」句，即包下「不行」「不明」兩意；而「不行」由於「不明，」故用「鮮能知味」一喻，而以「不行矣夫」爲唱歎之語以結之！漢人於此加兩「子曰」字，遂使一章變成三節，而語轉不了矣！子曰：「舜其大知也歟！舜好問而好察邇言，隱惡而揚善，執其兩端，用其中於民，其斯以爲舜乎！人皆曰予知，驅而納諸罟獲陷阱之中，而莫之知辟也！人皆曰予知，擇乎中庸而不能期月守也！回之爲人也，擇乎中庸，得一善則拳拳服膺而弗失之矣！天下國家可均也，爵祿可辭也，白刃可蹈也，中庸不可能也！」此段文字亦一氣貫注，因上章「不行」「不明」兩意，側重「不明」，故舉舜之「大知」以示人，見必如舜之「大知」，方可以明道；「人皆曰予知」而實非「知」也，故擇乎中庸而不能守，因舉回之爲人，以示能守者之難得，而以中庸不可能爲唱歎之語，并上章而結之。漢人於此加三「子曰」字，遂使一章變成四節，而語轉不了矣！禮記如坊記表記緇衣等篇，其中「子曰」「子云」等字，均是漢人增益，多可刪除者；姑舉中庸兩段以示例，餘可類推焉。亦有「子曰」字本非衍，而誤以爲衍者，如哀公問政一章，非皆孔子之言也，子思之言也。孔子之言至「夫政也者蒲盧也」，其辭畢矣；故「爲政在人」以下，則皆子思之言。蓋子思欲明「爲政在人」「取人以身」而特引夫子之語以發端也。下文「好學近乎知」三句，又著「子曰」字，則其上非孔子之言明矣！學者不察，謂上下皆孔子語，乃以此「子曰」字爲衍文。嗟乎！如前兩章，則衍「子曰」字而不知；如此章，則應有「子曰」字而反以爲衍，乃歎古書之不易讀如此！（兪樾達齋叢說中庸說）

第三觀其會通　中庸一書，內貫易理，外通道佛。佛教者，智信圓融之教也。世界諸宗教，無不根植於信，而見破於智，以故宗教與科學不兩立，乃至與哲學亦相違悟。惟佛教則不然！其利樂有情，始於由智生信，復終於由信轉智。觀釋尊四十九年之說法，最初說有，其次說不有而空，最後乃說究竟，即非空非有之中道，此三時所說之教義，無一非極悲智雙運，朗照澄澈之觀；而其鈐鍵尤在第三時之中道教。中道教者，三時教之一，說有空不偏，中道之教也；是法相宗所立。佛法以中道爲究竟義，吾儒以中庸爲第一諦。中庸之以「誠」「明」互修，猶佛法之貴「智」「信」圓融。「自明誠謂之教」教之始於由智生信也。「自誠明謂之性」道之終於由信轉智也。「誠則明矣！明則誠矣」「誠者，天之道也。誠之者，人之道也，誠者，不勉而中，不思而得；從容中道，聖人也！誠之者，擇善而固執之者也！」「執其兩端，用其中於民。」「中」者，無過不及之名。孔子贊易六十四卦，三百八十四爻位，當者言正，不當者非正；而言「中」也重於正。九三，六四，皆正也；三多凶四多懼，以其不中也。九二，六五，皆非正也；二多譽五多功，以其中也。故彖傳言「中」三十有五，象傳言「中」三十有八，正不必中，中無不正也。其言中也，曰：「正中」，曰「時中」，曰「大中」，曰「中道」，曰「中行」，曰「行中」，曰「剛中」，曰「柔中；」剛柔非「中」也，而得「中」者無咎。故嘗謂易六十四卦三百八十四爻，一言以蔽之曰。「中」而已矣！子思昭明聖祖之德而作中庸，其義蓋本之易。聖人之作易也，將以順性命之理，和順於道德而理於義，窮理盡性以至於命。（說卦傳）而「天命之謂性，率性之謂道，修道之謂教；」此子思作中庸之所爲開宗明義者也！然堯之傳舜曰「允執其中，」而舜亦以命禹。洪範九疇，天所以錫禹也，五居九疇之中，故曰「建用皇極。」「皇極」者，「大中」之謂也。堯舜以來，言中不言庸。子思之言中庸，何也？曰：所以救「素隱行怪，」「愚而好自用者之失也。」說文：「庸」，从庚从用；「庸」之言，用也。然好自用者不能和衆；而和衆者必依「中庸」。自性天之所命者言之，謂之中；傳曰：「民受天地之中，」是也。自盡人所率用者言之，謂之中庸此曰「用其中於民，」是也。「中」無定體，而用「中」莫如隨時。故曰：「君子之中庸也，君子而時中。」雖然，「時中，」唯聖者能之；而擇「中」而執之，則人皆可勉。中之所在，善之所在也，故亦謂之擇善。聖人之教人也，欲使知愚賢不肖之倫，去其過不及而歸於中，故示之以從入之方曰「擇乎中庸。」「擇」也者，能不能未定之詞也。擇之而得之，得之而固執之，久之而無時之不用其「中，」此之謂「時中，」此之謂「依乎中庸」矣。然則何以復言中和？曰：自「用其中」者而言，謂之「中庸」；自「和於衆」者而言，謂之「中和」。「發而皆中節」者，合乎時，和乎衆者也。天有四時，順其序，不奪其倫，謂之太和；人有七情，中其節，不陵於衆，謂之「中和」。「中」以「和」爲用，「庸」以「中」爲體；故博雅訓「庸」爲「和」。而中庸一篇首言「致中和」，「中和」即「中庸」也。惟「中」斯依乎「庸」，惟「庸」乃「和」乎衆。孔子特發其義於乾之九二，而推極其致於九五。其贊乾九二曰：「龍德而正中者也；庸言之信，庸行之謹，閑邪存其誠，善世而不伐，德博而化。易曰：『見龍在田，利見大人，』君德也。」「君」者羣也；「君德」之言羣德也。夫以龍德正中之德博而化，而基之於「庸言之信」，「庸行之謹」，此依乎「庸」以執「中」者也。其贊九五曰：「同聲相應，同氣相求。水流溼，火就燥。雲從龍，風從虎，聖人作而萬物覩。本乎天者親上，本乎地者親下，則各從其類也。」蓋聖人先得我心之同然者，故爲「同聲」「同氣」之義。聖人之於人亦類也，故爲「各從其類」之義。彖曰：「乾道變化，各正性命，保合太和；」即指九五而言。此依乎「庸」以和衆者也。「索隱行怪，後世有述焉；」斯不「庸」矣。「愚而自用，」求逞於人焉；斯失「和」矣。乾元用九而戒之以「天德不可爲首；」懼其矯強，以不「庸」者而失「中」

也。六十四卦，不外乎「時中，」孔子知其意而特發「中庸」之義於乾文言。惟「時中，」斯因時制宜，無時不「中；」惟「中庸，」斯和光同塵，無衆不和。莊子知其意而特發中庸之義於齊物論，曰：「彼亦一是非，此亦一是非。果且有彼是乎哉？果且無彼是乎哉？彼是莫得其偶，謂之道樞。樞始得其環中，以應無窮，是亦一無窮，非亦一無窮也。惟達者知通爲一，爲是不用而寓諸庸。庸也者，用也；用也者，通也；通也者，得也。適得而幾已；因是已！是以聖人和之以是非，而休乎天鈞。」雖爲言不同，而言「中」言「庸」則一。然則中庸之書，蓋道出於易，而旁通於道佛書者焉！

余五歲，受中庸於伯兄子蘭先生；伯兄課督綦嚴，而於朱熹章句多異說。迄今四十餘，鬢毛已斑；而伯兄不祿，忽忽十年。自傷老大無成，每展是書，未嘗不追念伯兄之教，祇徊莊誦而不能自已也！爰當啓蒙而述是篇。

孝經第五附

按王儉七志以孝經居首。（見經典釋文敍錄）蓋孝，德之本也，教之所由生。愛敬盡於事親，而德教加於百姓，古以是爲至德要道；而輓近世昌言觝排，以爲悖情拂性，吾國「父不父」之罪狀在是也於戲！「非孝者無親！」而謾言曰「仁民愛物，旁施四海」者，吾聞其語矣，未見其人也！夫誰欺，欺天乎！爰撰是篇以曉來學。

【解題】「孝」者事親之德，「經」者常行之典。爾雅釋訓曰：「善父母爲孝。」禮記祭統曰：「孝者畜也，順於道，不逆於倫，此之謂畜。」說文老部：「孝，善事父母者，从老省，从子承老也。」則是「孝」者事親之德也。而題曰「經」者：按說文糸部：「經，織也。」玉篇：「經緯以成繒布，」借以爲經綸天下之意。易屯卦象曰：「雲雷屯，君子以經綸。」周禮天官太宰：「以經邦國，」注：「經，法也。王謂之禮經，常所秉以治天下也；邦國官府謂之禮法，常所守以爲法式也。常者其上下通名。」然則

「經」者，國家之法典編著之圖籍，設之於官府，而布之於百姓者也。今按子稱曰：「先王有至德要道，以順天下，民用和睦；」（開宗明義章第一）「孝」之謂也。然則「孝」之爲道，蓋王者常所秉以治天下，諸侯卿大夫士庶人常所守以爲法式，與法典同其用，而教敬敎禮，示民有常者也；故題以經。漢書藝文志曰：「孝經者，孔子爲曾子陳孝道也。夫孝，天之經，地之義，民之行也；舉大者言，故曰『孝經』。」「鄭玄六藝論曰：『孔子以六藝題目不同，指意殊別，恐道離散，後世莫知根源，故作孝經以總會之。』（邢昺孝經序正義引）明其枝流雖分，本萌於孝者也。」（隋書經籍志引）皇侃義疏曰：「經者，常也，法也。此經爲教，任重道遠，雖復時移代革，金石可消，而爲孝事親，常行存世不滅，是其常也；爲百代規模，人生所資，是其法也；言孝之爲教，使可常而法之。易有上經下經，老子有道經德經。孝爲百行之本，故名曰「孝經」」「經」之題名始此。蓋易書詩禮春秋，孔子稱引之見論語者，並不繫稱「經」；而史記老子傳但云「迺著書上下篇，言道德之意五千餘言」，亦未名「經」。獨此書言孝，特表而出之曰「天地之經」，（三才章第七）始肇經之一名；是孔子自名之也。然則書之題名「經」，儻以孝經爲權輿歟？

【孝經之作者】宋儒陳騤汪應辰以孝經爲僞撰。然按蔡邕明堂月令論引魏文侯孝經傳；呂氏春秋先識覽察微篇亦引孝經諸侯章；而董仲舒春秋繁露五行對篇河間獻王問溫城董君曰：「孝經曰『夫孝天之經，地之義。』」漢書匡衡傳衡上疏曰：「大雅曰『無念爾祖，聿修厥德。』孔子著之孝經首章。」漢世儒者，其言鑿鑿，則孝經非僞撰可知；它若陸賈新語劉向說苑應劭風俗通諸書，皆有援据孝經之語，益徵孝經自兩漢以前，炳若日月，而非後世作僞之徒所剽竊竄改也。今觀其文，去大小戴禮記所錄爲近；其中各章皆引詩爲結，實開荀子著書韓詩外傳之體；而開宗明義章第一曰：「仲尼居，曾子侍；」與大戴禮記「孔子閒居，曾子侍；」（主言篇）小戴禮記「孔子閒居，子夏侍；」「仲尼燕居，子張子夏言游侍；」文法正同。特以其書言孝道乃天下之大本，故自爲一經。（中庸立天下之大本鄭玄注大本者經也）而漢書藝文志徒稱「孝經者，孔子爲曾子陳孝道。」顧不言載筆者誰何？据史記仲尼弟子列傳曰：「曾參南武城人，字子輿，少孔子四十六歲。孔子以爲能通孝道，故授之業，作孝經。」則是孔子之作也；儻是孔子之言而曾子載筆焉，但可謂之述，不可謂之作，故鄭玄以爲孔子作也：此最古說。顧有謂孝經，孔子不爲曾子陳者：按劉炫述義，其略曰：「炫謂孔子自作孝經，本非曾參請業而對也。士有百行，以孝爲本；本立而後道行，道行而後業就，故曰：『明王之以孝治天下也。』然則治世之要，孰能外乎！徒以教化之道，因時立稱；經典之目，隨時表名。至使威儀禮節之餘，盛傳當代，孝悌德行之本，隱而不彰。夫子運偶陵遲，禮樂崩壞，名教將絕，特感聖心！因弟子有請問之道，師儒有教誨之義，故假曾子之言以爲對揚之體；乃非曾子實有問也。若疑而始問，答以申辭；則曾子應每章一問，仲尼應每問一答。按經，夫子先自言之，非參請也。諸章以次演之，非待問也。且辭義血脈，文連旨環，而開宗題其端緒，餘音廣而成之，非一問一答之勢也。理有所極，方始發問，又非請業請答之事。首章言『先王有至德要道，』則下章云：『此之謂要道，』『非至德其孰能順民，』皆遙結首章，非答曾子也。舉此爲例，凡有數科。必其主爲曾子言，首章答曾子已了，何由不待曾子問，更自述而明之？且首起曾參侍坐與之言，二者是問也，一者歎之也。蓋假言乘間曾子坐也，與之論孝，開宗明義，上陳天子，下陳庶人，語盡無更端，於曾子未有請，故假參歎孝之大，又說以孝爲理之功；說之已終，欲言其聖道莫大於孝，又假參問，乃說聖人之德，不加於孝；在前論敬順之道，未有規諫之事，慇懃在悅色，不可頓說犯顏，故須更借曾子言陳諫諍之義：此皆孔子須參問，非參須問孔子也。莊周之斥鷃笑鵬，罔兩問影；屈原之漁父鼓枻，太卜拂龜；馬卿之烏有無是；揚雄之上林子虛；寧非師祖以爲楷模者乎？若依鄭注，實居講堂；則廣延生徒，侍坐非一；夫子豈凌人侮衆，獨與參言耶？且云：「汝知之乎」，何必直汝曾參，而參先避席乎？必其偏告諸生，又有對者，當參不讓儕輩而獨答乎？由斯言之，經教發抒，夫子所撰也。而漢書藝文志謂其爲曾子特說此經。然則聖人之有述作，豈爲一人而已？」（邢昺孝經序正義引）斯其與史記漢書稱「孔子爲曾子陳孝道而作」之說不合；要以爲孔子之作，無可疑者。顧有以爲「曾參雖有至孝之性，未達孝德之本，偶於閒居，因得侍坐，參起問於夫子，夫子隨而答，參是以集錄，因名爲孝經」者，蓋以爲夫子之言，而曾子述之也。邢昺正義引之而不著誰說；意者起於隋唐之後？蓋劉炫嘗駁難其說也；曰「假使參自集錄，豈宜稱師字者乎？」（亦爲述義；邢昺孝經序正義引）謂開宗明義，揭「仲尼居」以稱也。顧宋儒好仍其說，而甚焉；且以爲曾子弟子所爲矣！王應麟困學紀聞孝經篇曰「致堂謂『孝經非曾子所自爲也。曾子問孝於仲尼，退而與門弟子言之，門弟子類而成書。』」（致堂胡寅號）晁子止（晁公武讀書志）謂「何休稱子曰：吾志在春秋，行在孝經；則孔子自著也。今首章仲尼居，則非孔子所著矣。當是曾子弟子所爲書。』」此後起之說，未可爲據也。獨劉炫以爲「夫子運偶陵遲，名教將絕，特假曾子之問以爲對揚之體；」雖爲無據而實有見。近儒陳澧東塾讀書記孟子篇曰：「孟子書，諸弟子問而孟子答之，多客主之辭，乃戰國文體也。（如卜居漁父之類）如萬章謂『今之諸侯猶禦』，其持論之嚴如此！則其問『不託諸侯，』『不見諸侯，』爲客主之辭明矣。李榕村語錄曰：『萬章好論古，大抵博觀雜取，一切稗官野史，都記得多；卻不知其人，連大禹伊尹孔子都疑惑一番！』此不知孟子文體也。萬章篇所論唐虞三代之事，閎遠深博，非問答之文，不能暢達之；讀書豈可不識文章之體乎！」蓋意以往復而始發，理以詰難而有明，自古有然，不獨孝經！孝經鉤命訣：「孔子在庶，德無所施，功無所就，志在春秋，行在孝經。」又曰：「某以匹夫徒步以制正法，以春秋屬商，以孝經屬參。」陸德明曰：「孝經與春秋雖具夫子述作：然春秋周公垂訓，史書舊章；孝經專是夫子之意。」按孔子作春秋成於七十二歲；而鄭君言孝經所以總會六藝。然則孝經，孔子最後成也。

【孝經之本子】漢書藝文志箸錄二本：一孝經一篇十八章，可爲孝經之初本。漢興，長孫氏博士江翁少府后蒼諫大夫翼奉安昌侯張禹傳之，各自名家，經文皆同，惟孝經古孔氏一篇爲異；「父母生之續莫大焉，」「故親生之膝下，」諸家說不安處，古文字讀皆異。劉向曰：「庶人章分爲二也，曾子敢問章爲三，（即今正義本聖治章第九）又多一章，凡二十二章。」厥爲孝經之第二本，然皆不傳！其可考見者，按桓譚新論曰：「古孝經千八百七十二字，今異者四百餘字，」而孝經古繫之「孔氏」者，蓋以爲「孔氏壁中古文」也；非「孔安國傳」之云也。武帝末，魯恭王壞孔子宅，欲以廣其宮，而得古文尚書禮記論語及孝經，凡數十篇，皆古字也。孔安國者，孔子後也，悉得其書，以考二十九篇，得多十六篇，語詳漢書藝文志尚書敍，乃謂：孔安國悉得古文尚書，以考今文二十九篇，得多十六篇，獻之；語意甚明，而不涉於孝經。古文孝經者，孝昭帝時，魯國三老所獻；至光武建武之世，給事中議郎衛宏所校，皆口傳，官無其說，獨故太尉南閣祭酒許慎學孝經孔氏古文說，謹撰具一篇。（說文解字敍後許沖上書）然則古文孝經之著書者，漢儒許慎一人而已，何有孔安國傳也！漢書藝文志敍孝經亦明著曰：「孔氏壁中古文，」而不言孔安國傳；至隋祕書監王劭於京師訪得孔安國傳，送至河間劉炫，炫因序其得喪，述其義疏，講於人間，漸聞朝廷，儒者諠諠，皆云：「炫自作之，非孔舊本，」而祕府又先無其書，（隋書經籍志）以許慎說文所引及桓譚新論考證，亦皆不合！然自是傳孝經者，有今文古文二本。今文稱鄭玄注，其說傳自荀昶，而鄭志不載其名；古文稱孔安國傳，其書出自劉炫，而隋儒已言其僞。陸德明與炫同時，而撰經典釋文所據者蓋鄭注今文，故首出鄭氏二大字；但按敍錄云：「世所行鄭注，相承解爲鄭玄，按鄭志及中經簿無。中朝穆帝集講孝經，云以鄭玄爲主；檢與康成注五經不同，未詳是非？」而不加以斷言；蓋疑以傳疑之辭也。至唐元宗開元七年三月，詔令羣儒質定。右庶子劉知幾主古文，五十二驗以駁鄭；國子祭酒司馬貞主今文，摘閨門章文句凡鄙，庶人章割裂舊文，妄加子曰字及注中脫衣就功諸語，以駁孔，兩議並上：詔鄭依舊行用；孔注傳習者稀，亦存繼絕之典。十年六月，上註孝經，頒天下及國子學；天寶二年五月，上重註，亦頒天下。（唐會要）唐以前諸儒之說，因藉捃摭以僅存。四年九月，以御注仍自八分，刻石於太學，謂之石臺孝經；舊在西安府學，爲碑凡四。自是元宗御註行，而鄭孔兩家併廢；厥爲世間之第一古本其章句蓋同今文也。元宗既自註孝經，詔元行沖爲疏；（唐書元行沖傳）宋眞宗咸平二年，翰林侍講學士邢昺受詔校定孝經義疏，（宋史邢昺傳）特剪截元疏，旁引諸書，成孝經正義三卷。元疏廢而邢疏遂行，今刊入十三經註疏者是也；可謂爲孝經之第二古本，而於是古文之不講久矣！迨宋之南，朱熹乃取古文孝經，分爲經一章，傳十四章，刪經文二百二十三字，成孝經刊誤一卷。其大指以「仲尼居」至「未之有也」爲一節，云：「夫子曾子問答之言，而曾氏門人之所記；疑所謂孝經者，其本文止如此，其下則或者雜引傳記以釋經文。」推朱熹之意，則第一節猶大學章句所謂經一章；其下「釋經文」者，猶大學章句所謂傳；而「雜引傳記」者，猶中庸章句所謂「雜引孔子之言以明之」也。（陳澧東塾讀書記卷一）古文於是有改本，而爲南宋以後作註者之所遵用焉。至元吳澄又改定今文孝經，從朱熹刊誤之例，分列經傳，其經則合今文六章爲一章，其傳則依今文爲十二章而改易其次序；至朱熹所刪一百七十二字，（朱熹刊誤刪二百二十三字中有句刪其字者此惟載所刪之句故止一百七十二字）與古文閨門章二十四字，並附錄於後，爲孝經定本一卷。蓋孝經至是而古文今文皆有改本矣！然世傳古文之不同於今文者；特如黃震日鈔所稱「首章今文云：『仲尼居，曾子侍；』古文則云：『仲尼閒居，曾子侍坐。』今文云『子曰先王有至德要道；』古文則曰『子曰參，先王有至德要道。』今文云：『夫孝，德之本也，教之所由生也；』古文則曰：『夫孝，德之本，教之所由生。』文之或增或減，不過如此；於大義固無不同。至於分章之多寡，今文三才章『其政不嚴而治，』與『先王見教之可以化民，』通爲一章；古文則分爲二章。今文聖治章第九『其所因者本也，』與『父子之道天性』通爲一章；古文則分爲二章。『不愛其親而愛他人者，』古文又分爲一章。章章句之分合，率不過如此；於大義亦無不同。古文又云『閨門之內具禮矣乎，嚴父嚴兄，妻子臣妾，猶百姓徒役也；』此二十二字，今文全無之而古文自爲一章，與前之分章者三，共增爲二十二。所異者又不過如是，非今文與古文各爲一書也。」自唐元宗御注行，而古文孔傳今文鄭注均佚；獨本經存！晚出孔傳鄭注得自日本者，（乾隆丙申歙人汪翼滄自日本攜彼國太宰純校刊古文孝經孔氏傳以歸付鮑廷博刊之知不足齋阮元孝經義疏校刊記序曰孔注今不傳近出於日本國者誕妄不可據要之孔注卽存不過如尙書之僞傳決非眞也鄭注之僞唐劉知幾辨之甚詳而其書久不存日本國又撰一本流入中國此僞中之僞尤不可據者）特所謂「僞中之僞」耳，寧足據哉！然則言孝經者，舍唐注邢疏其何以焉！至讓淸道光間，儀徵阮元芸臺則以孝經爲曾子之書也，既撰曾子注釋，以與孝經相表裏；因命次子福喜齋撰孝經義疏補九卷，全載唐注邢疏原文，而以曾子十篇中凡可以發明孝經可以見孔曾授受大義者，悉分系於各章各句之下。至明皇御注，半存舊注，而鄭注亦雜其中。如有鄭注見引於唐以前書者，悉據以補之；而於釋文所載鄭注舊字舊義，全行載入，以存鄭氏舊觀，且疏證之。古籍可相輔翼，並爲甄錄；兼下己意，曲鬯旁通。雖曰補疏，而實與疏全經者無殊。專家之學，淸儒莫逮也！並存於此。

【孝經之讀法】 孝經篇幅匪宏，而綱紀畢具；上自君卿，下迄士庶；括囊大典，宣究道原。黃震日鈔，孝經弁首，而論語孟子次之；以爲大道之戶奧，六藝之總會。讀經者當先讀孝經也！粗述覩記，以擬讀法：

第一明其宗旨 吾聞英國哲家達爾文氏昌言天演，徵見物競，優勝劣敗，適者生存；同人道於鷙獸，以競爭爲固然！宜若「聖人人倫之至，」必當退聽於無權？而顧致警於道德之不可蔑棄，其大指以爲：「道德之原，實起於親子之有愛！擴而充之，則爲同族同類之兼相愛，斯稱爲動物之羣性；而與動物之自利性，如車之有兩輪，如鳥之有雙翼，幷偕有生以俱來。天演物競，自然淘汰；此羣性之於人類，乃日繼長增高，以有緝熙於光明者，此何以故？蓋壞國喪家，必由營私；專欲難成，多助得順。故羣性之發長，亦爲適者資格之一。就一國家一社會之個人而言：忠信篤敬，仁人良士之子孫，角知爭雄，較之貪夫敗類，詐僞桀黠者之子孫，孰爲勝利，雖未可必？而以團體競爭言，則多數忠信篤敬，仁人良士之個人所構成之國家之社會，必較諸多數貪夫敗類詐僞桀黠之個人所構成之國家之社會，爲繁榮而強固。何者？蓋營私自利，壞國喪家，人道或幾乎息，寧我之能獨存！則固事有必至，理無可疑者！」而推羣性之見端，厥徵於親子之有愛。於戲！此「非孝者無親」之所以爲大亂之道；（五利章第十一）而「教民親愛」之所以「莫善於孝」也（廣要道章第十二）「愛親者不敢惡於人，敬親者不敢慢於人。」（天子章第二）「聖人因嚴以教敬，因親以教愛；聖人之教不肅而成，其政不嚴而治。父子之道，天性也！」（聖治章第九）「先王見教之可以化民也，是故先之以博愛而民莫遺其親。」（三才章第七）此「孝」之所以「爲德之本」，「教之所由生也！」（開宗明義章第一）夫人之所以競勝於物而不殄厥胤者，徒以其仁而能羣也。試徵諸載籍：其在漢書刑法志曰：「夫人宵天地之頷，懷五常之性，聰明精粹，有生之最靈者也！爪牙不足以供耆欲，趨走不足以避利害，無毛羽以禦寒暑，必將役物以爲養，任智而不恃力；此其所以爲貴也！故不仁愛，則不能羣。不能羣，則不勝物。不勝物，則養不足，爭心將作。上聖卓然先行敬讓博愛之德者，衆心說而從之；從之成羣，是謂君矣！歸而往之，是謂王矣！洪範曰：「天子作民父母，爲天下王。』聖人取類以正名，而謂君爲父母，明仁愛德讓，王道之本。」推班氏之指，「明仁愛德讓，王道之本，」而取類於父母者；豈不曰「羣性之見端厥徵於親子之有愛」也乎！此可以徵赫胥黎之論天演焉！赫氏之論曰「人之有羣，其始亦動於天機之自然乎！其亦天之所設而非人之所爲乎！羣肇於家，其始不過夫婦父子之合；合久而系聯益固，生齒日繁，則其相爲生養保持之事，乃愈益備。故宗法者，羣之所由昉也。夫如是之羣，合而與其外爭，或人或非人，將可以無畏而有以自存；蓋唯泯其爭於內，而後有以爲強，而勝其爭於外也！此所與飛走蠉泳之羣同焉者也！且與生俱生者有大同焉！曰好甘而惡苦，曰先己而後人。夫曰先天下爲憂，後天下爲樂者，世容有是人，而無如其非本性也！人之先，遠矣！其始禽獸也，不知更幾何世而爲山都木客；又不知更幾何年而爲毛民猺獠；由毛民猺獠，經數萬年之天演而有今日此不必深諱者也！自禽獸以至爲人，其間物競天擇之用，無時而或休；而所以與萬物爭存，戰勝而種盛者，中有最宜者在也！是最宜云何？曰『獨善自營』而已！夫自營爲私，然私之一言，乃無始來斯人種子；由禽獸得此，漸以爲人，直至今日而根株仍在者也。古人有言：『人之性惡。』又曰：『人爲孽種，自有生來便含罪惡。』其言豈誕妄哉！是故凡屬生人，莫不有欲，莫不求遂其欲；其始能戰勝萬物而爲天之所擇以此！其後用以相賊而爲天之所擇亦以此！何則？自營大行，羣道將息，而人種滅矣！此人所與鳥獸昆蟲異者，又其一也！自營甚者，必侈於自由；自由侈則侵；侵卽爭；爭則羣渙；羣渙則人道所恃以爲存者去！故曰『自營大行，羣道息而人種滅』也。然而天地之性，物之最能羣者，又莫人若！如是，則其所受於天，必有以制此自營者，夫而後有羣之效也。夫物莫不愛其苗裔，否則其種早絕而無遺，自然之理也。獨愛子之情，人爲獨摯！其種最貴，故其生有待於父母之保持，方諸物爲最久，故其用愛也尤深；繼乃推類擴充，緣所愛而及所不愛。是故慈幼者，仁之本也；而慈幼之事，又若從自營之私而起；由私生慈，由慈生仁，由仁勝私。」（見嚴復譯天演論導言第十二第十三）此班氏「明仁愛德讓王道之本」之所爲取類於父母者也！然則人種之不滅，由於羣道之不息；羣道之不息，由於仁心之博愛：心同理同，推諸東海而準，推諸西海而無不準！雖然，赫氏言慈子爲仁之本，而孔子則以孝弟爲仁之本，與子言孝而不與父言慈者，曷居？曰「此聖人所以爲『人倫之至』也！親之愛其子，蓋動物之所同然；而子之知孝親，斯人道之所獨而躋於『聖人人倫之至』耳！」吾聞英國哲家有特蘭門德氏

(Henvg Dramont) 者，著人類向上論 Aglntafman 一書；其名稱與達爾文氏昌言天演以動物進化論爲揭幟者，若作旗鼓之當。大指以爲：「人羣之進化乃愛之進化，而非由於競爭；此人之所以異於普通生物也！大抵生物爲生存而努力者有二：一爲維持己之生存，一爲維持他之生存。而生活之網，乃以此一經一緯之所組成。爲己之生命而努力，乃有競爭；而其爲他人之生命而努力者，卽倫理學中之所謂愛也。愛之云者，非近世所發見，非後天之觀念；非宗教倫理文學美術之所產出；其來源之遠，與地球原形質之胚胎以俱萌；其發榮滋長，亦自有其歷史。從來言進化者，祇知競爭而不言愛；則是知其一而不知其二也！夫生物與無生物之區別有二，卽營養與生殖而已。營養者，自外部吸取物質以儲於體內，而同化之，以發育自體；是爲己之生命而努力也。生殖者，割體內之一部而養育之，俾分離於體外，別成一生活體；是爲他之生命而努力也。故原形質之利己與利他，已徵兼營並存；而下等原生細胞之個體分裂，卽犧牲自體之生活以成多數之生活體，卽愛之原始作用。至高等植物，則生殖器管與營養器管同其具體。吾人若觀花果實及種子之一切機能，則知其爲他之生命而努力者，其進步已著。進而至於動物，則生殖之機能益宏，而愛情之端倪顯露。至人類而保抱提攜，鞠育教誨，親子之愛，篤實煇光。推之而家庭也，國家也，社會也，皆愛之所創造者也。同情也，協助也，皆愛之所發生者也。愛之眞意義，即犧牲自己以利他人之生存之謂也。匪僅父母對於其子女而存；而子女者，祇愛之精神最顯著之發表機關而已。夫父母之生育子女，其初爲生理的活動；其繼爲倫理的活動。方其生也，生理作用也；然生理作用畢其事，而倫理作用代之起。倫理的愛，所以續生理的愛而竟其全功者也；而人類之生存，不能不依此倫理的愛而活動；此則所謂『愛之進化』也。夫以生理學中未終了之愛，繼繼繩繩，而以入倫理學之範疇，其愛乃底於完成！故曰：「父母生之，續莫大焉。」（聖治章第九）「孝悌之至，通於神明，光於四海，無所不通。」（感應章第十六）苟能充之，足以保四海；苟不充之，不足以事父母。人知愛其子，牛馬亦知愛其子；苟言愛之進化，而徵諸親之慈子，尚未躋於「聖人人倫之至。」然則「慈」者生物之所同，而「孝」乃人倫之所獨也。故曰：「天地之性人爲貴，人之行莫大於孝。」（聖治章第九）此孝經一書所以與子言孝，而不與父言慈也！故特爲發其指焉。

第二觀其會通　善有元，事有會！易大傳曰：「天下同歸而殊途，一致而百慮。」孝經一書，綱紀論語，旁通春秋，肇開墨學；通於一而萬事畢，知其元，則衆善舉矣！何以言其然？案孝經開宗明義章第一，統下天子、諸侯、卿大夫、士、庶人五章言之，而謂「孝始於事親，中於事君，終於立身。」若以「事君」作君主解，則君主之最尊者，莫如天子矣！更何「事君」之可言！「君」之爲言羣也；（荀子王制君者善羣也春秋繁露滅國君者不失其羣者也白虎通號君之爲言羣也）「事君」者謂有事於羣，以爲羣服務也。「愛親」「敬親」「始於事親」也。「愛親者不敢惡於人，敬親者不敢慢於人，」（天子章第二）「中於事君」也。而要其「終於立身」者，則以愛根性生，而「事親」「事君」，皆窮理盡性之所有事，而非於立身以外別有所事也。論語以學而時習章第一，其爲人也孝弟章第二，見學者窮理盡性，不外於立身；而立身之道，莫大於孝弟。「愛親者不敢惡於人，敬親者不敢慢於人。」（天子章第二）「聖人因嚴以教敬，因親以教愛。」（聖治章第九）此孝弟所以爲仁之本也！（論語其爲人也孝弟章）仁从人从二，會意，人相偶也。人之相偶，始於父子兄弟，而親親乃爲仁民之基。不孝不弟，則人相偶之大本已壞，而失其所以爲人，何立身之與有！故曰：「綱紀論語」也。按孝經鉤命決：孔子曰：「欲觀我褒貶諸侯之志，在春秋；崇人倫之行，在孝經。」

此雖緯書，然當時曾檃括其語曰：「吾志在春秋，行在孝經。」孟子曰：「春秋，天子之事也，」故曰「志」；而孝則士庶人之所得盡故曰「行。」何休取兩語以序春秋唐玄宗采兩語以弁孝經。蓋春秋「上本天道，中用王法，而下理人情，」（本孔廣森春秋公羊經傳通義敍）補敝起廢，（本太史公自序）治之於已事之後；而孝經「始於事親，中於事君，而終於立身，」（開宗明義章第一）敦敬教愛，順之於未流之先。（以順天下語見開宗明義第一三才章第二）春秋循名覈實，寬於賢賢而峻以治不肖；孝經至德要道，仁以愛民，而本之事親。一挈法家之要，一弘儒者之教；而要其歸於「則天之明，因地之義，」（三才章第七）「因其行事而加吾王心，」則無乎不同！故曰：「旁通春秋」也。抑嘗讀漢書藝文志之敍墨家者流曰：「養三老五更，是以兼愛。宗祀嚴父，是以右鬼。以孝視天下，是以上同。」今按孝經三才章曰：「先之以博愛而民莫遺其親。」「博愛」義與「兼愛」同；而「民莫遺其親」者，「孝」也。「先王知教之可以化民也，是故先之以博愛；「而民莫遺其親，以同於上，」殆墨者「以孝視天下，是以上同」之說之所本矣！天子章曰：「愛親者不敢惡於人，」亦墨子言兼愛本於「欲人之愛利其親，故愛利人之親」之指也。廣至德章曰：「教以孝，所以敬天下之爲人父者也；教以悌，所以敬天下之爲人兄者也。」釋文引鄭注：「天子父事三老，兄事五更。」白虎通德論曰：「不臣三老五更者，欲率天下爲人子弟。」此則墨者「養三老五更，是以兼愛」之說之張本矣！墨家者流，蓋清廟之守；「宗祀嚴父，是以右鬼。」今按孝經聖治章曰：「孝莫大於嚴父，嚴父莫大於配天。昔者周公郊祀后稷以配天，宗祀文王於明堂以配上帝。」感應章曰：「宗廟致敬，不忘親也。修身愼行，恐辱先也。宗廟致敬，鬼神著矣！」亦墨者「宗祀嚴父，是以右鬼」之意。（章炳麟太炎文錄卷一）然自今日言之，罔不以爲迷信者；而不知儒者雖不質言鬼神之有，而卒不忍斥言鬼神之不有；此正「聖人人倫之至，」而神道設教之微意也！何以言其然？論語：「祭如在，祭神如神在。子曰：『吾不與祭，如不祭。』」蓋鬼神由於致敬而後著；曰：「如在」者，非眞有在也。禮中庸子曰：「鬼神之德，其盛矣乎！視之而弗見，聽之而弗聞，體物而不可遺，使天下之人齊明盛服，以承祭祀，洋洋乎如在其上，如在其左右！詩曰：『神之格思，不可度思，矧可射思！』夫微之顯，誠之不可揜如此夫！」故曰：「宗廟致敬，鬼神著矣！」「著」之爲言，「微之顯，」「誠之不可揜」也。禮祭義曰：「祭之日，思其居處，思其笑語，思其志意，思其所樂，思其所嗜；

齊三日，乃見其所爲齊者。祭之日，入室，僾然必有見乎其位；周旋出戶，肅然必有聞乎其容聲；出戶而聽，愾然必有聞乎歎息之聲。」「是故先王之孝也色不忘乎目，聲不絕乎耳，心志嗜欲不忘乎心；致愛則存，致慤則著。」然則鬼神之著，由乎「致慤」也。故曰：「宗廟致敬，鬼神著矣！」又祭義稱宰我曰：「吾聞鬼神之名，不知其所謂？」子曰：「氣也者，神之盛。魄也者，鬼之盛也。合鬼與神，教之至也。衆生必死，死必歸土，此之謂鬼。骨肉斃於下，陰爲野土，其氣發揚於上，爲昭明焄蒿悽愴；（昭明乃光景之屬焄蒿氣之感觸人者悽愴如漢書所稱神君至其風肅然之意）此百物之精也，神之著也。因物之精，制爲之極，命名鬼神以爲黔首則；百衆以畏，萬民以服！聖人以是爲未足也，築爲宮室，設爲宗祧，以別親疏遠邇，教民反古復始，不忘其所由生也。衆之服自此，故聽且速也。二端既立，報以二禮：建設朝事，燔燎羶薌，見以蕭光，以報氣也；此教衆反始也。薦黍稷，羞肝肺首心，覵以俠甒，加以鬱鬯，以報魄也；教民相愛，上下用情，禮之至也。故曰：宗廟致敬，不忘親也。」此「因親以教愛，」「聖人人倫之至，」而先王神道設教之微意。是墨子右鬼，孔子未嘗不右鬼也！乃近儒夏曾祐論孔墨之別，則曰：「喪禮者，墨子與孔子不同之大原也。儒家以君父爲至尊無上之人，當一往不返之事而孝又爲政教全體之至綱，喪禮烏得而不重！墨子既欲節葬，必先明鬼；有鬼神，則身死猶有其不死者存，故喪可從殺。（見所著中國歷史）不知墨子之言節葬，固與孔子三年之喪異而言明鬼則未嘗不與孔子「宗廟致敬」之旨同。淮南子要略訓曰：「墨子學儒者之業，受孔子之術，以爲其禮煩擾而不說，厚葬靡財而貧民，服傷生而害事，故背周道而用夏政。」此節葬所說，所以與孝經喪親章義絕相反也！要之肇開墨學，於孝經一書有徵焉！

第三權其時宜　孔子論共學適道，而要其終於可權；孟氏距楊朱墨翟，而斥之曰無權。權也者，權其宜也。吾讀孝經言天子之孝，諸侯之孝，卿大夫之孝，士之孝；異其位者異其辭，爲封建之世言之也。封建之世，天子世其天下，諸侯世其國，卿大夫士世其家；自人之始生，其尊卑貴賤之分已定矣。故卿大夫之孝在私其士。卿大夫曰宗廟，士曰爵祿，曰祭祀；必世守之毋失，失則伍於民！孟子曰：「民爲貴，」封建之世，烏覩其爲貴也！秦廢封建，卿大夫士之號爲貴族者，以次夷爲民；於是無卿大夫，無士。非無卿大夫也，卿大夫其暫，民其常也。非無士，士皆民也。於戲！卿大夫士之不世及亦已久矣！而卿大夫仍欲保其卿大夫，士亦進而求卿大夫。問其說？曰：「不若是，非孝也！」此聖人所不料也！歷二千年以至民國，國且無君矣！非無君也；君其暫，民其常也。而卿大夫欲保其卿大夫如故；士進而求卿大夫如故。故曰：「不若是，非孝也。」尤聖人所不料也！而於是有洪憲之禍，僭帝既仆，猶且不悛，今之從政，滔滔皆是！論其職責，是曰民傭；揆其心事，猶吾大夫也！於戲！天下之患莫大於既民矣，乃不甘於爲民！孝經不云乎：「用天之道，因地之利，謹身節用，以養父母，庶人之孝也。」（庶人章第六）誠甘於爲民而力行之，充其量，必盡己之性，盡物之性，窺造化之祕，啓山海之藏，參贊化育，以蔚爲國光，庶幾所謂「揚名於後世，以顯父母，孝之終」者（開宗明義章第一）寧曰異人任也！況在今日，民窮財盡，亦以耗矣！不若是，民且不自聊生，其何能國？卿大夫者，麗於國而有也；食於民而貴也。民不聊生，國且不國，卿大夫云乎哉！記有之曰：「禮，時爲大」，使孔子生今日而言教孝，吾知當在此而不在彼也！

右陳三事，彌綸羣言，咸有本末，匪同臆說。獨愧聞道苦晚，事父未能，昭德塞違，以俟君子。